MADAME DE SÉVIGNE
MALADE

1163

Ln 27 46011

PRINCIPAUX OUVRAGES DU MÊME AUTEUR

Souvenirs d'Italie. — In-8° de 300 pages, V. Palmé, 76, rue des Saints-Pères. Prix, 3 fr., 1879, Paris.

Voltaire malade. — Étude historique et médicale (avec gravure), Marpon et Flammarion, 25, rue Racine. Prix, 3 fr. 50, 1883, Paris (épuisé).

Hecquet, docteur régent et ancien doyen de la Faculté de médecine de Paris, avec un portrait. Paris, Retaux-Bray. Prix, 2 fr.

Les médecins normands du XIIe au XIXe siècle (Seine-Inférieure). T. I. Biographie et bibliographie avec 5 portraits. In-8° raisin. Paris, Steinheil, 1890. Prix, 7 fr.

Les médecins normands du XIIe au XIXe siècle (Calvados, Manche, Orne et Eure). T. II. Biographie et bibliographie avec 5 portraits. In-8° raisin, Paris, Steinheil, 1895. Prix, 7 fr.

Médecins, chirurgiens et barbiers. Paris, Steinheil, 1894. Prix, 2 fr.

HAVRE. — IMPRIMERIE DU COMMERCE, 3, RUE DE LA BOURSE.

MADAME DE SÉVIGNÉ
MALADE

ÉTUDE HISTORIQUE ET MÉDICALE

BIBLIOTHÈQUE NATIONALE
R.F.
IMPRIMÉS

PAR

Le Docteur Jules ROGER
Chevalier de Saint-Grégoire-Le-Grand
Médecin des Petites-Sœurs
etc., etc.

Avec gravure.

PARIS
G. STEINHEIL, ÉDITEUR
2, RUE CASIMIR-DELAVIGNE, 2

1895

MADAME DE SÉVIGNÉ MALADE

« Je le cède à Montmorency pour les honneurs, écrivait, un jour, de Bussy à sa cousine, mais non pour l'ancienneté. » Dans ses recherches généalogiques, de Bussy avait pu remonter jusqu'au douzième siècle. Il est, en effet, dès 1147, question d'un sieur Mayeul, seigneur de Rabutin.

De cette longue suite d'aïeux, Mme de Sévigné avait dû retirer quelques profits et pertes, et l'atavisme n'avait pas dû perdre ses droits; mais il faut se résigner, les documents font défaut.

En l'absence de détails nécropsiques, ou d'observations pathologiques des ascendants de cette illustre famille, ne peut-on, à l'aide des faits, reconstituer une entité morbide?

Tous ces Rabutins très fiers de leur naissance sont « braves et spirituels avec quelque chose de libre et d'original, et une pointe d'humeur caustique ». Ces traits de caractère cadrent bien avec une constitution bilieuse et sanguine; et encore celui-ci de sainte Jeanne de Chantal : « au milieu des austérités du cloître, il n'y eut pas de cœur plus éloigné de la sécheresse et de l'insensibilité » ; n'est-ce pas là encore un trait du tempérament sanguin?

Chez les hommes les passions sont fortes, et trop souvent maîtresses. Le père de Mme de Sévigné « était un des cavaliers les plus accomplis de France, soit pour le corps, soit pour l'esprit, soit pour le courage ».

Mme de Sévigné était bien de ce sang fougueux et chaud. « La taille admirable, la beauté de la fleur du teint, la couleur des lèvres » ne sont pas des attributs de sujets cacochymes.

Nature bien vivante, cœur aimant, raison très droite et très élevée, intelligence fine et distinguée, Mme de Sévigné garde toutefois, malgré la vivacité de son imagination, cet esprit mesuré qui lui permit de conduire tout avec une remarquable prudence : *Mens sana in corpore sano*. Dans cette âme bien trempée, il y avait de fortes passions, mais ce sont de fougueux coursiers dont elle tient toujours en main les rênes. Ce n'est pas de la froideur, comme avait voulu assez méchamment l'insinuer de Bussy, mais bien la volonté saine qui sait se faire obéir.

Ne sont-ce pas là les attributs du tempérament bilioso-sanguin?

Mme de Sévigné malade!

Qu'eût dit l'illustre épistolaire de se voir ainsi qualifiée? N'est-ce point s'inscrire en faux contre cette « si belle santé » dont elle se vante?

Avec tout autre, son rhumatisme et quelques autres misères eussent passé inaperçus. Avec elle, ils prennent les proportions d'événements, et elle mettra à les dire son talent habituel. Ici, elle rappellera les soins habiles et dévoués de son fils, dont elle aime à entretenir la « chère petite sœur »; là, sa verve s'exercera contre la médecine et les médecins que, comme Voltaire, elle aimait surtout à voir « pour le plaisir de la conversation ». « J'ai vu, écrivait-elle à sa fille, les meilleurs ignorants d'ici qui me conseillent des remèdes si différents, que pour les mettre d'accord, je n'en fais aucun. »

Ailleurs, c'est le récit de ses voyages et de son séjour à Vichy, cité par d'autres, çà et là par fragments, mais non dans leur entier, etc., etc. Sous sa plume habile, tout charme, tout captive.

Morte à 70 ans de la variole, Mme de Sévigné n'a pas connu les infirmités de la vieillesse. Elle n'a pas été « jusqu'à la lie » ; mais un esprit aussi sage, aussi judicieux, aussi religieux que le sien, ne pouvait approcher de ces dernières étapes de la vie sans avoir fait de graves réflexions.

Elle avait souvent pensé à la mort, et toujours avec crainte. « Ah ! ne parlons pas de cela, disait-elle, j'y pense pourtant, et il le faut. » Une des plus belles pages qu'elle ait écrites atteste avec force cette terreur que l'idée de la mort lui inspirait avant même les années de la vieillesse : « Je suis embarquée dans la vie sans mon consentement ; il faut que j'en sorte ; cela m'assomme ; et comment en sortirai-je ? Par où ? Par quelle porte ? Quand sera-ce ? En quelle disposition ?... Comment serai-je avec Dieu ?... Je m'abîme dans ces pensées, et je trouve la mort si terrible que je hais plus la vie parce qu'elle m'y mène, que pour les épines dont elle est semée. »

« Mais les imaginations vives se calment quelquefois d'une manière surprenante, quand elles sont en face de ce qu'elles ont de loin le plus redouté ; et, malgré leur sensibilité, les cœurs dont le dévouement et l'affection ont été le mobile de toute la vie, échappent mieux que les autres aux faiblesses égoïstes. » Nous en verrons l'irrécusable témoignage dans une lettre écrite par M. de Grignan après la mort de Mme de Sévigné.

Le cadre restreint des affections morbides de Mme de Sévigné ne me paraît pas comporter une synthèse de ces divers états pathologiques, ainsi que je l'avais fait dans mon travail sur « Voltaire malade » (1). Ce dernier fut atteint d'affections multiples qui permettaient une critique de sa constitution diathésique.

Si le rhumatisme de Mme de Sévigné, peut-être son ulcère variqueux à la jambe, permettent de dire qu'elle aussi fut arthritique, on doit reconnaître toutefois que ce trouble dyscra-

(1) *Voltaire malade, étude historique et médicale.* Marpon et Flammarion. Paris, 1883.

sique ne se fit que passagèrement sentir chez notre auteur. Elle en fut au reste complètement guérie par deux saisons à Vichy.

Employant une expression moderne, on peut dire que c'est Mme de Sévigné qui a lancé Vichy. L'habitation fort simple et sans style qu'elle habita, existe encore, bien que malheureusement transformée l'an dernier. Tout le monde connaît à Vichy le pavillon Sévigné, qui était autrefois au bord de l'Allier. Celle-ci n'en fait aucune mention dans ses lettres.

Hartoille, dans son *Vichy et ses fontaines*, nous parle ainsi du luxe que déployait alors Mme de Sévigné :

...................Quant à l'argenterie,
C'était, à vrai dire, d'un luxe sans pareil :
Assiettes, plats d'argent et couverts de vermeil,
Portent sur chacun d'eux l'arme de la famille.
....
Les tasses pour le thé chaudement préparées
En fine porcelaine arrivant du Japon,
A la hâte on servit la fumante boisson.
Car, de chez elle, on sait que la marquise,
Avait, plus par caprice encore que par méprise,
Banni la fève de moka,
Prétendant que le goût du café passera.

Nous n'avons point à insister ici, ni sur ces voyages de Paris à Vichy (elle mettait alors pour s'y rendre huit jours en carrosse, alors que l'on s'y rend aujourd'hui en huit heures), ou aux Rochers, ni sur sa vie à Vichy et les distractions qu'elle savait s'y procurer; ces lettres suffisent ici et au delà.

Comment voyageait-elle alors? Elle nous le dit :

13 mai 1671.

« Je vais à deux calèches, j'ai sept chevaux de carrosse, un cheval de trot qui porte mon lit, et trois ou quatre hommes à cheval : je serai dans ma calèche tirée par mes deux beaux chevaux; l'abbé sera quelquefois avec moi. Dans l'autre, mon fils, La Mousse et Hélène. Cela aura quatre chevaux avec postillon. Quelquefois le bréviaire assemblera le second ordre et laissera place à un certain bréviaire de Corneille, que nous avons envie de dire Sévigné et moi. »

Mme de Sévigné ne se faisait pas faute d'exercer sur ses compagnons sa verve satirique, ainsi que l'attestent les deux lettres qui suivent :

Vichy, 4 juin 1676.

« On dit que Mme de Requigny vient aussi; c'est la *Sybille Cumée*. Elle cherche à se guérir de soixante-seize ans, dont elle est fort incommodée ; ceci devient les Petites Maisons... Nous avons Sybille Cumée, toute parée, toute habillée en jeune personne ; elle croit guérir, elle me fait pitié, je crois que ce seroit une chose possible, si c'étoit ici la fontaine de Jouvence. »

Vichy, 1676.

« Madame de Brissac avoit aujourd'hui la colique ; elle étoit au lit, belle et coiffée à coiffer tout le monde : je voudrois que vous eussiez vu l'usage qu'elle faisoit de ses douleurs et de ses yeux, et des cris, et des bras, et des mains qui traînoient sur sa couverture, et les situations, et la compassion qu'elle vouloit qu'on eût : chamarrée de tendresse et d'admiration, je regardois cette pièce, et je la trouvois si belle que mon attention a dû paraître un saisissement dont je crois qu'on me saura fort bien gré ; et songez que c'étoit pour l'abbé Bayard, Saint-Herem, Montjeu et Planey, que la scène étoit ouverte. En vérité, vous êtes une vraie *petaude*, quand je pense avec quelle simplicité vous êtes malade, le repos que vous donnez à votre joli visage, et enfin quelle différence, cela me paraît plaisant... Après la pièce admirable de la colique, on nous a donné une convalescence pleine de langueur, qui est, en vérité, fort bien accommodée au théâtre. Je passe légèrement sur bien des choses pour ne point trop écrire. »

Voici quelques lignes bien vécues. Si les hommes changent et passent, les mœurs ne changent guère et Vichy nous offrirait encore bien des *Sybille Cumée* et des Brissac.

Voici sur sa mort quelques détails extraits de la biographie de M. Paul Mesnard : « Au mois d'avril, elle fut atteinte de la petite vérole. Elle était au château de Grignan. Mlle de Martillac, pour qui elle avait été toujours pleine de bonté, lui donna ses soins avec une affection et un dévouement que la crainte de la contagion n'effraya pas. Il y avait une autre personne qu'il eût été bien plus doux encore à Mme de Sévigné de voir près de ce lit où elle comprit, dès les premiers moments, qu'elle allait mourir. Mme de Grignan était sous le même toit. D'où vient qu'elle resta éloignée de sa mère ? Il fut possible qu'elle fût alors elle-même trop malade, et qu'elle eût été trahie par les forces de son corps, quoique le lit d'une mère soit pour les enfants ce qu'est pour le guerrier le champ de bataille où l'on doit se traîner mourant... Qu'il dut être douloureux pour une telle mère de n'avoir près d'elle, pour consoler ses derniers regards, aucun de ses enfants ! Il nous semble qu'elle dut penser plus d'une fois : « Si j'étais morte aux Rochers, mon fils serait là. » Mais sa mort si près et si loin de sa fille était peut-être plus d'accord avec sa vie (17 avril 1696).

« On craignait tellement la contagion de cette maladie, qu'elle fut inhumée précipitamment. On n'osa pas déposer le cercueil dans le caveau de l'église, mais on ouvrit pour l'y placer, une fosse qui fut couverte de maçonnerie, dans le chœur à gauche de l'autel.

« On a dit que le crâne de Mme de Sévigné avait été soumis à l'examen de Gall, qui en avait jugé défavorablement les protubérances, sous le double rapport de l'intelligence et de la sensibilité. Nous pensons que la sagacité du *crâniologue* wurtemburgeois s'est exercée sur une tête qui n'est pas celle de l'illustre épistolaire. Nous avons sous les yeux un procès-verbal rédigé, le 25 août 1816, par le maire de la ville de Grignan, en présence du curé, du juge de paix et d'un adjoint. Il en résulte :

1° qu'à l'entrée du chœur de l'ancienne église collégiale, on voit à gauche une table de marbre blanc, sur laquelle est gravée l'épitaphe suivante :

Ci-gît

MARIE DE RABUTIN CHANTAL

Marquise DE SÉVIGNÉ

Décédée le 18 avril 1696.

2° que parmi huit vieillards convoqués, celui qui est le mieux instruit des traditions locales, qui même a connu plusieurs témoins des funérailles de Mme de Sévigné, a déclaré que tous ces témoins s'accordaient à dire que cette dame était morte d'une petite vérole si maligne, que sa famille non seulement n'avait pas eu le temps de se procurer un cercueil de plomb, mais avait été obligée de la faire inhumer avant l'expiration des délais ordinaires ; que le chapitre avait décidé qu'elle ne serait point déposée dans le caveau de l'église, d'où il pourrait s'élever des exhalaisons pestilentielles, et que, pour concilier les derniers honneurs à lui rendre avec les précautions dues à la salubrité, on ouvrirait dans le chœur une fosse qui serait couverte de maçonnerie; 3° enfin il résulte de cet acte de notoriété, que la sépulture de Mme de Sévigné n'a point été violée en 1793, comme on l'a prétendu, puisqu'il n'a été touché ni à la tombe, ni à la maçonnerie qui la couvrait; que les ossements enlevés du caveau ne peuvent donc être les siens. » *Bibliographie universelle*, 242, 1825.

MADAME DE SÉVIGNÉ MALADE

D'après sa Correspondance (1)

7. De Mme de Sévigné au comte de Bussy-Rabutin.

Des Rochers, le 15e mars 1648.

« Je vous trouve un plaisant mignon de ne m'avoir pas écrit depuis deux mois. Avez-vous oublié qui je suis et le rang que je tiens dans la famille? Ah vraiment, petit cadet, je vous en ferai bien ressouvenir : si vous me fâchez, je vous réduirai au lambel. Vous savez que je suis sur la fin d'une grossesse, et je ne trouve en vous non plus d'inquiétude de ma santé que si j'étois encore fille. Eh bien, je vous apprends, quand vous devriez enrager, que je suis accouchée d'un garçon à qui je vais faire sucer la haine contre vous avec le lait, et que j'en ferai encore bien d'autres, seulement pour vous faire des ennemis. Vous n'avez pas eu l'esprit d'en faire autant, le beau faiseur de filles. »

(1) C'est de l'édition Monmerqué dont je me suis servi dans ce travail. J'ai conservé intacte l'orthographe, telle qu'elle s'y trouve et telle que l'écrivait Mme de Sévigné. Les numéros des lettres sont ceux de cette édition.

2.

14. De Mme de Sévigné a Lenet.

Paris, ce 20e mars à minuit.

Monsieur,

« Vous faites des triolets comme celui qui les a inventés. Quand le siège n'auroit servi qu'à vous donner cette science, vous devez vous en souvenir toute votre vie. Je vous en dirois davantage, si je n'étois prête d'aller au Quinze-Vingts (1) et qu'une saignée m'empêche de vous faire réponse en triolets. Excusez donc une pauvre estropiée qui est avec passion. »

Monsieur,

Votre très humble servante,

M. de Rabutin Chantal.

20. De Mme de Sévigné a Ménage.

Paris, dimanche 12e janvier 1652.

« Mon grand voyage dans une si rude saison, ne m'a point du tout fatiguée, et ma santé est d'une perfection que je souhaiterois à la vôtre. »

La M. de Sévigné.

---

(1) Walckenaer (t. III, p. 386) donne cette version : « Si je n'étois prête à me coucher et à fermer les yeux ». D'autres avaient entendu que Mme de Sévigné avait les yeux malades; ce qui nous paraîtrait plus admissible puisqu'elle-même parle « d'une saignée » et dit encore : « Excusez une pauvre estropiée ».

31. De Mme de Sévigné a Bussy-Rabutin.

A Paris, ce 19e juillet 1655.

« Adieu, mon pauvre cousin, ce n'est point ici une belle lettre, ni une réponse digne de la vôtre ; mais on n'est pas toujours en belle humeur. Il y a huit jours que je suis malade, cela fait tort à ma vivacité. Aimez-moi toujours bien ; car pour moi, je fais mon devoir sur votre sujet, et je vous souhaite un heureux retour. »

De Bussy Rabutin a de Sévigné.

« Pour votre troisième lettre du 19e juillet, je vous dirai que, pour n'être pas d'un style laconique, elle ne laisse pas d'être fort agréable. Je serois bien fâché qu'elle fût plus courte, et vous avez tort de dire que vous écririez mieux si vous n'étiez malade. Vous vous portez mieux que vous ne pensez, ma chère cousine, et moi je suis à vous mille fois plus que je ne vous le saurois dire. »

143. De Mme de Sévigné a Mme de Grignan.

A Paris, mercredi 11e mars 1671.

« J'ai été enrhumée ces jours-ci, et j'ai gardé ma chambre, presque tous vos amis ont pris ce temps là pour me venir voir. »

145. De Mme de Sévigné a Mme de Grignan

A Paris, dimanche 15e mars 1671.

« Je me trouve heureuse d'avoir commencé ma journée par vous écrire. Le petit Pecquet était au chevet de mon lit pour un épouvantable rhume, qui sera passé quand vous recevrez cette lettre ; nous parlions de vous, et de là je passe à vous écrire. »

157. De Mme de Sévigné a Mme de Grignan.

A Paris, ce mercredi 15e avril 1671.

« Le chocolat n'est plus avec moi comme il étoit : la mode m'a entraînée, comme elle fait toujours. Tous ceux qui m'en disoient du bien m'en disent du mal ; on le maudit, on l'accuse de tous les maux qu'on a ; il est la source des vapeurs et des palpitations ; il vous flatte pour un temps, et puis vous allume tout d'un coup une fièvre continue, qui vous conduit à la mort ; enfin, mon enfant, le grand maître, qui en usoit, est son ennemi déclaré ; vous pouvez penser si je puis être d'un autre sentiment.

« .....Ne vous mettez pas en peine de mes petits maux. Je m'en accommode fort bien, mais vous qui parlez n'en avez-vous point? Vous sentez par vous-même que l'on songe à tout, et que l'on s'inquiète de tout quand on aime. Ecrivez-moi quelque petite amitié pour Pecquet, il a eu des soins extrêmes de ma petite fille. »

164. De Mme de Sévigné a Mme de Grignan.

A Paris, mercredi 6e mai 1671.

« Après tout, combien de bons moments que je ne puis assez regretter, et que je regrette aussi avec des larmes et des tendresses qui ne peuvent jamais finir! Ce discours même n'est pas bon pour mes yeux qui sont d'une faiblesse étrange, et je me sens dans une disposition qui m'oblige à finir en cet endroit.

« Je vous prie de ne point faire de songes si tristes de moi ; cela vous émeut et vous trouble. Hélas! ma bonne, je suis persuadée que vous n'êtes que trop vive et trop sensible sur ma vie et ma santé. Vous l'avez toujours été, et je vous conjure aussi, comme j'ai toujours fait, de n'en être point en peine. J'ai une santé au-dessus de toutes les craintes ordinaires ; je vivrai pour vous aimer et j'abandonne ma vie à cette occupation. »

166. De Mme de Sévigné a Mme de Grignan.

A Paris, ce mercredi 16e mai 1671.

« Je vous conjure, ma très chère bonne et très belle, de ne point prendre de chocolat. Je suis fâchée contre lui personnellement. Il y a huit jours que j'eus, seize heures durant, une colique et une suppression qui me fit toutes les douleurs de la néphrétique. Pecquet me dit qu'il y avoit beaucoup de biles et d'humeurs en l'état où vous êtes ; il vous seroit mortel. »

173. De Mme de Sévigné a Mme de Grignan.

Aux Rochers, dimanche 7e juin 1671.

« Vous êtes grosse assurément d'un garçon : je vous remercie de cette confidence ; je n'en abuserai pas. Je vous avoue que je l'aimerai fort, et qu'en faveur de ce Dauphin, je demanderai une grâce à M. de Grignan, qu'il ne doit pas me refuser, pour votre enfant, qui est la même chose. La nourrice ne couche point avec son mari ; ce seroit tenter Dieu ; nous savons bien ce qui en arrive. C'est Marie qui couche avec la nourrice et qui a soin de veiller à tout : en vérité, je ne crois pas qu'ils voulussent nous faire un tel affront.

« Il est vrai, ma bonne, que j'eus, il y a quelque temps, une colique très fâcheuse, mais j'admire M. d'Hacqueville de vous avoir écrit, que je ne lui avois point mandé..... Voici comment la chose se passa, il vaut autant dire cela qu'autre chose. J'allois à la messe à onze heures, en calèche, avec ma tante. A moitié chemin, j'eus un grand mal de cœur ; je craignis les suites, je revins sur mes pas, je vomis beaucoup ; voilà de grandes douleurs dans le côté droit, de grands vomissements encore, avec douleurs redoublées et une suppression qui me tenoit de la nuit : voilà l'alarme au camp ; on envoie chez Pecquet, qui eut des soins de moi extrêmes ; on envoie chez l'apothicaire ; on prépare un demi-bain plein de certaines petites herbes, on m'y met : si j'avois eu dix laquais, ils auroient été tous employés. Je vis arriver Mme de la Fayette, j'étois dans le bain.

« Cependant le jour se passe, mais non pas ma colique ! Pour moi, je passai mal la nuit. Le matin, je me portai mieux, et mieux à ces maux, c'est être guéri. »

196. De Mme de Sévigné a Mme de Grignan.

Aux Rochers, dimanche 23e août 1671.

« Il y a huit jours que je suis ici, dans une paix qui m'a guérie d'un rhume épouvantable : j'ai bu de l'eau ; je n'ai point parlé, je n'ai point soupé, et quoique je n'en aie point raccourci mes promenades, je me suis guérie. »

384. Du comte de Bussy-Rabutin a Mme de Sévigné.

A Chaseu, ce 16e août 1674.

« J'ai appris que vous aviez été fort malade, ma chère cousine ; cela m'a mis en peine pour l'avenir et m'a obligé de soumettre votre mal à un habile médecin de ce pays-ci. Il m'a dit que les femmes d'un bon tempérament comme vous, demeurées veuves de bonne heure, et qui s'étoient un peu contraintes, étaient sujettes à des vapeurs. Cela m'a remis de l'appréhension que j'avois d'un plus grand mal ; car enfin, le remède étant entre vos mains, je ne pense pas que vous haïssiez assez la vie pour n'en pas user..... Raillerie à part, ma chère cousine, ayez soin de vous ; faites-vous tirer du sang plus souvent que vous ne faites, de quelque manière que ce soit ; il n'importe, pourvu que vous viviez. »

385. De Mme de Sévigné au comte de Bussy-Rabutin.

A Paris, ce 5e septembre 1674.

« Votre médecin, qui dit que mon mal sont des vapeurs, et vous qui me proposez le moyen d'en guérir, n'êtes pas les premiers qui m'ayez conseillé de me mettre dans les remèdes spécifiques ; mais la raison de n'avoir point eu de précaution pour prévenir ces vapeurs, m'empêchera d'en guérir. »

409. De Mme de Sévigné a Mme de Grignan.

A Paris, vendredi au soir, 21e juin 1675.

« Au reste, ma fille, sachez-moi gré, si vous voulez ; mais je me fis hier saigner du pied dans la vue de vous plaire ; j'ai voulu faire cette provision pour mon voyage, et j'ai aussi le cœur un peu serré de toute la tristesse que j'ai eue depuis deux mois ; j'ai cru que cette précaution étoit bonne. J'ai eu tout le jour bien du monde, et je suis si fatiguée d'avoir été au lit, que j'en suis brisée. La plaisanterie, c'étoit d'admirer la mauvaise grâce que j'avois ; Mlle de Méri en pâmoit de rire. »

410. De Mme de Sévigné à Mme de Grignan.

A Paris, mercredi 26e juin 1675.

« Je me porte fort bien de ma saignée au pied; je partirai pour la Bretagne quand j'aurai fait mes affaires ici; je ne pourrois pas vivre en repos. »

413. De Mme de Sévigné a Mme de Grignan.

A Paris, mercredi 3e juillet 1675.

« Pour moi, je me suis fait saigner par l'amour de vous; je m'en porte fort bien. Un médecin que j'ai vu chez Mme de la Fayette m'a priée de ne me point faire purger sitôt : il me donnera des pilules admirables; c'est le premier médecin de Madame (Nicolas Lizot) qui vaut mieux que tous les autres premiers médecins. »

415. De Mme de Sévigné a Mme de Grignan.

A Paris, mercredi 10e juillet 1675.

« Je suis, je vous assure, au désespoir de l'inquiétude que vous avez eue de ma santé : hélas! ma belle, vous ne pensez à autre chose, et votre raisonnement est fait exprès pour vous donner du chagrin. Vous dites que l'on vous fait un mystère de ma saignée, mais, de bonne foi, je ne suis point malade, je n'ai point eu de vapeurs; je plaçai ma saignée brusquement, selon le besoin de mes affaires plutôt que sur celui de ma santé;

je me sentois un peu plus oppressée, je jugeai bien qu'il falloit me saigner avant de partir, afin de mettre cette saignée par provision dans mes ballots... Croyez que je ne vous tromperai jamais et que suivant nos maximes de ne nous point épargner, je vous manderai toujours sincèrement comme je suis : fiez-vous en moi. Par exemple, on veut encore que je me purge; eh bien, je le ferai dès que j'aurai du temps, n'en soyez donc point effrayée. Un peu d'oppression m'avoit fait souhaiter plutôt la saignée; je m'en porte fort bien, débarrassez-vous de cette inquiétude. »

419. De Mme de Sévigné a Mme de Grignan.

A Paris, mercredi 24e juillet 1675.

« J'attends un peu de frais, ma fille, pour me purger, et un peu de paix en Bretagne pour partir..... Ces démons sont venus piller et brûler jusqu'auprès des Fougères, c'est un peu trop près des Rochers. »

422. De Mme de Sévigné a Mme de Grignan.

A Paris, vendredi 2e août 1675.

« Ne soyez point en peine de moi, ma très chère, ni de ma santé ; je me purgerai après le plein de la lune, et quand on aura des nouvelles d'Allemagne. »

424. De Mme de Sévigné au comte de Bussy-Rabutin.

A Paris, ce 6e d'août 1675.

« Vous me demandez où je suis, comment je me porte et à quoi je m'amuse.....

« J'ai eu bien des vapeurs, et cette belle santé, que vous avez vue si triomphante, a reçu quelques attaques dont je me suis trouvée humiliée, comme si j'avois reçu un affront.

« Pour ma vie, vous la connaissez aussi. On la passe avec cinq ou six amies dont la société plaît, et à mille devoirs à quoi l'on est obligé, et ce n'est pas une petite affaire, mais ce qui me fâche, c'est qu'en ne faisant rien les jours se passent, et notre pauvre vie est composée de ces jours, et l'on vieillit, et l'on meurt. Je trouve cela bien mauvais, je trouve la vie trop courte, à peine avons-nous passé la jeunesse, que nous nous trouvons dans la vieillesse. Je voudrois qu'on eût cent ans d'assurés, et le reste dans l'incertitude. Ne le voulez-vous pas aussi ? Mais comment pourrions-nous faire ? »

425. De Mme de Sévigné a Mme de Grignan.

A Paris, mercredi 7e août.

« Je m'en vais commencer par ma santé, ma bonne. N'en soyez point en peine : je vois très souvent M. de l'Orme chez Mme de Montmort, qu'il ressuscite ; il a fort approuvé ma saignée du pied, et m'a empêchée jusqu'ici de me purger, trouvant que je suis hors d'affaire, et que je n'aurai plus de ces vapeurs de l'année passée. C'étoient les adieux de ce qu'on croyoit parti ; si peu de mal étoit digne de mon bon tempérament. Il me fait prendre de sa poudre avant que je parte, mais ce sera plus par civilité pour lui que par besoin. Si vous lui aviez parlé, vous seriez rassurée sur mon chapitre pour le reste de vos jours et les miens. »

428. Du comte de Bussy-Rabutin a Mme de Sévigné.

A Chaseu, ce 11e août 1675.

« Je vous plains d'être sujette aux vapeurs ; c'est un mal plus désagréable qu'il n'est dangereux ; cependant il se fait craindre. »

432. De Mme de Sévigné a Mme de Grignan.

A Paris, lundi 19e août.

« J'ai eu bien du monde aujourd'hui, je me porte très bien de ma petite médecine, toutes mes amies m'ont gardée. »

433. De Mme de Sévigné a Mme de Grignan.

A Livry, mercredi 21e août 1675.

« Je prendrai demain ma troisième petite médecine en paix et en repos ; je marcherai beaucoup, je m'imagine que j'en ai besoin.

« Je me porte très bien ; le bon de l'Orme m'a dit que je gardasse sa poudre pour cet hiver, et que je prisse trois jours de cette tisane ; c'est un remède de canicule, il me croit hors d'affaire. »

Jeudi au soir, 22e août.

« Je n'y ai pas manqué, ma très chère ; mais admirez combien je suis peu destinée à la solitude : j'ai pris ce matin mes deux verres de séné bien sagement ; je ne me suis point coiffée en toupet ; je suis demeurée jusqu'à lundi *spensierata* (nonchalante) de crainte de troubler mes opérations. Comme je les finissois, voilà un carrosse à six chevaux. J'avois un pigeon pour mon diner. »

456. De Mme de Sévigné a Mme de Grignan.

Aux Rochers, dimanche 13e octobre 1675.

« Vous m'assurez que vous vous portez bien : Dieu le veuille, ma bonne ! Cet article me tient entièrement au cœur : pour moi, je suis dans la parfaite santé. Vous aimeriez bien ma sobriété et l'exercice que je fais, et sept heures au lit, comme une carmélite. Cette vie dure me plaît ; elle ressemble au pays : je n'engraisse point et l'air est si humain et si épais que ce teint qu'il y a si longtemps que l'on loue, n'en est point changé. Je vous souhaite quelquefois une de mes soirées en qualité de pommade de pieds de mouton. »

459. De Mme de Sévigné a Mme de Grignan.

Aux Rochers, dimanche 20e octobre 1675.

« Ne soyez nullement en peine de ma santé, ma chère belle, je me porte très bien. Mme de Tarente m'a donné d'une essence qui l'a guérie de vapeurs bien pires que les miennes : on en met deux gouttes dans le premier breuvage que l'on boit à table, quinze jours durant, et cela guérit entièrement ; elle en conte des expériences qui ont assez de l'air de celles de la comédie du *Médecin forcé ;* mais je les crois toutes, et j'en prendrois présentement, sans que je ferois scrupule de me servir d'un remède si admirable, quand je n'en ai nul besoin. »

467. De Mme de Sévigné a Mme de Grignan.

Aux Rochers, mercredi 13 novembre 1675.

« Ne craignez pas le serein, ma fille : il n'y en a point dans les vieilles allées, ce sont des galeries ; ne craignez que la pluie extrême, car en ce cas il faut revenir, et je ne puis rien faire qui me fasse mal aux yeux. C'est pour conserver ma vue que je vais à ce que vous appelez le serein, ne soyez en aucune peine de ma santé, je suis dans la très parfaite.

« Vous me proposez pour régime une nourriture bien précieuse ; je ne vous réponds pas tout à fait de vous obéir ; mais, en vérité, je ne mange pas beaucoup, je ne regarde pas les châtaignes, je ne suis point engraissée ; mes promenades de toutes façons m'empêchent de profiter de mon oisiveté. »

473. De Mme de Sévigné a Mme de Grignan.

Aux Rochers, dimanche 1er décembre 1675.

« Le matin, je lis l'*Histoire de France* ; l'après-diner, un petit livre dans les bois, comme ces *Essais*, la *Vie de Saint-Thomas de Cantorbery*, que je trouve admirables, ou les *Iconoclastes ;* et le soir, tout ce qu'il y a de plus grosse impression : je n'ai point d'autre règle. »

492. De Mme de Sévigné a Mme de Grignan.

Aux Rochers, vendredi 17e janvier 1676.

« A force de me parler d'un torticolis vous me l'avez donné, je ne puis remuer le côté droit : ce sont, ma chère enfant, de ces petits maux que personne ne plaint, quoi qu'on ne fasse que criailler. Mon fils s'en pâme de rire ; je lui donnerai sur le nez tout aussitôt que je le pourrai. En attendant, ma chère enfant, je vous embrasse avec le bras gauche de tout mon cœur. Le *frater* va vous conter des *lanternes.* Votre eau de la reine de Hongrie m'aura guérie avant que cette lettre soit à Paris. Adieu, ma chère enfant. »

De Charles de Sévigné.

« Je ne ris point comme ma mère vous le mande ; mais, comme son mal n'est rien qui puisse nous causer la moindre inquiétude, on la plaint de ses douleurs, on l'amuse dans son lit, et du reste, on fait tout du mieux que l'on peut pour son soulagement. Je crois que vous voulez bien vous reposer sur moi et sur le bon abbé de tout ce qui regarde une santé qui nous est si précieuse ; soyez en repos de ce côté-là, ma petite sœur, car nous serons assurément guéris, quand vous commencerez d'être en peine. »

493. De Mme de Sévigné a Mme de Grignan.

Aux Rochers, dimanche 19e janvier 1676.

« Je me porte mieux, ma très chère ; ce torticolis étoit un très bon petit rhumatisme ; c'est un mal très douloureux, sans repos, sans sommeil ; mais il ne fait peur à personne. Je suis au huitième, un peu d'émotion et les sueurs me tireront d'affaire ; j'ai été saignée une fois du pied, et l'abstinence et la patience achèveront bientôt ; je suis parfaitement bien servie par Larmechin, qui ne me quitte ni jour ni nuit. Enfin, ma fille, j'eus hier un extrême plaisir à lire vos lettres ; c'est une conversation qui me ravit.....

« Adieu, ma très chère, je vous embrasse, et c'est aujourd'hui du bras droit. »

De Charles de Sévigné.

« Vous voyez, dans ce que vous écrit ma mère, l'état véritable de sa santé ; mais quoique sa maladie ne fasse nulle frayeur, et que les sueurs commencent à diminuer ses douleurs, elles sont toujours si cruelles, que l'état où nous la voyons fend le cœur à tous ceux qui l'aiment : je sais que vous me faites bien la grâce de penser que je suis de ce nombre, et que je fais tout ce qui est en mon petit pouvoir pour la soulager, je voudrois bien de tout mon cœur être bon à quelque chose ; mais, par malheur, je ne suis bon à rien, et si j'ai quelque mérite, c'est celui d'avoir Larmechin (son valet de chambre) qui fait des merveilles jour et nuit. Vos lettres sont très bonnes et même nécessaires pour la santé et le divertissement de notre chère malade ; c'est dommage qu'elles ne viennent que de huit jours en huit jours.

« Adieu, ma chère sœur, nous divertissons ma mère autant que nous pouvons : c'est presque la seule chose dont elle ait présentement besoin, car pour le reste, il faut qu'il ait son cours, et nous comptons sur trois semaines : sa fièvre a diminué justement le sept, vous voyez bien que c'est une marque convaincante qu'il n'y a nul danger. »

495. De Charles de Sévigné a Mme de Grignan.

Aux Rochers, mardi 21e janvier 1676.

« Commencez, s'il vous plaît, ma petite sœur, à croire fermement tout ce que nous vous dirons aujourd'hui, le bon abbé et moi, et ne vous effarouchez point si par hasard vous ne voyez pas l'écriture de ma mère. L'enflure est encore si grande sur les mains, que je ne crois pas que nous lui permettions de les mettre à l'air. Il y a encore une autre raison : c'est que depuis hier, qui étoit le 9, la sueur s'est tellement mise sur les parties qui sont enflées, qu'il ne faut pas se jouer à la faire rentrer. C'est la santé qui revient, et il n'y a que ce moyen de guérir ses mains, ses pieds et ses jarrets. Il n'y a plus de fièvre ; encore un peu de douleur et beaucoup d'enflure ; voilà le véritable état de notre maman mignonne. Ne croyez pas qu'on n'ait pas eu soin d'elle, et qu'elle ait été abandonnée ; il y a à Vitré un très bon médecin : elle a été saignée du pied en perfection ; enfin, elle est aussi bien qu'à Paris, et ce qu'il y a de bon est qu'elle le trouve elle-même et qu'elle est fort en repos de ce côté-là ; enfin il n'y auroit plus qu'à rire, si on pouvoit trouver l'invention de la faire demeurer dans son lit sur les fesses d'un autre ; mais comme, par malheur, c'est toujours sur les siennes, elle en souffre présentement les plus grandes incommodités. La maladie a été rude et douloureuse pour la première qu'elle ait eue en sa vie, mais comme c'est presque une nécessité d'être malade cette année, il vaut incomparablement mieux qu'elle ait eu ce rhumatisme, quelque cruel et douloureux qu'il ait été, qu'un de ces rhumes sur la poitrine qui ont tant couru, surtout dans un pays où la saignée du bras auroit été presque impossible. Enfin, nous trouvons tous les jours de la consolation à notre misère, et nous sentons quasi plus vivement le plaisir de voir ma mère les deux bras empaquetés dans vingt serviettes, et ne se pouvant soutenir sur ses jarrets, que nous ne sentions celui de la voir se promener et chanter du matin au soir dans nos allées. La petite personne qui est ici, quand elle voyoit les douleurs de ma mère augmenter le soir, n'y entendoit pas d'autre finesse que de pleurer : voilà où elle en est ; elle est toujours l'objet de la jalousie de la Plessis, qui se fait un mérite auprès de ma mère de la haïr comme le diable. Voici ce qui s'est passé aujourd'hui : ma mère s'assoupissoit doucement dans son lit, et la petite fille, le bon abbé et moi nous étions auprès du feu ; la Plessis est entrée, on lui a fait signe d'aller doucement, et elle a obéi très ponctuellement. Comme elle étoit au milieu de la chambre, ma mère a toussé et a demandé vite son mouchoir pour cracher ; la petite fille et moi, nous nous sommes levés pour y aller, mais la Plessis nous a prévenus, elle a couru au lit, et au lieu de porter le mouchoir à la bouche elle lui a pincé le nez d'une force qui a fait crier les hauts cris à la pauvre malade ; elle n'a pu s'empêcher de renasquer un peu contre le zèle indiscret qui avoit causé ce transport, et puis on s'est mis à rire, vous n'auriez pu vous en empêcher.

« Adieu, ma petite sœur, n'ayez ni peine ni frayeur de ce qui se passe ici, avant que cette lettre soit à vous, ma mère se promènera un peu dans le jardin ; s'il arrive quelque chose d'extraordinaire entre ci et demain, on vous le mandera avant que de fermer le paquet. Ce qui nous ravit, c'est qu'à l'heure qu'il est, il ne sauroit rien arriver que de bon. »

496. De Mme de Sévigné a Mme de Grignan.

Aux Rochers, lundi 27e janvier 1676.

« J'ai encore les mains enflées, ma chère enfant, mais que cela vous persuade de la fin de tout le rhumatisme, qui a toujours diminué depuis cette crise dont nous vous parlâmes le neuf de mon mal. »

De Charles de Sévigné sous la dictée de sa mère.

« Il est donc vrai que depuis cette sueur, ensuite de plusieurs autres petites, je me trouve sans fièvre et sans douleur, à la réserve de celle que donne la lassitude du rhumatisme. Vous savez ce que c'est pour moi que d'être seize jours sur les reins, sans pouvoir changer de situation; je me suis rangée dans ma petite alcôve, où j'ai été très chaudement, et parfaitement bien servie. Je voudrais que mon fils ne fût pas mon secrétaire en cet endroit, pour vous dire ce qu'il a fait dans cette occasion. Ce mal a été fort commun en ce pays, et ceux qui ont évité la fluxion sur la poitrine y sont tombés ; mais pour dire le vrai, je ne croyois pas être sujette à cette loi commune : jamais une femme n'a été plus humiliée, ni plus traitée contre son tempérament. Si j'avois fait un bon usage de tout ce que j'ai souffert, je n'aurais pas tout perdu, il faudroit peut-être m'envier; mais je suis impatiente, ma fille, et je ne comprends pas comment on peut vivre sans pieds, sans jambes, sans jarrets et sans mains. Il faut que vous pardonniez aujourd'hui cette lettre à l'occupation naturelle d'une personne malade : c'est à n'y plus retourner, et dans peu de jours nous serons en état de vous écrire tout comme les autres.

.... « Adieu, ma chère enfant ; avec tout cela mon mal n'a été que douloureux, et tous ceux qui prennent intérêt à moi n'ont pu trouver un moment sujet d'avoir peur ; ma fièvre étoit nécessaire pour consumer l'humeur du rhumatisme, et présentement que je n'en ai plus, il n'y a qu'à attendre patiemment le retour de mes forces, et que l'enflure se dissipe. »

497. De Charles de Sévigné, sous la dictée de Mme de Sévigné a Mme de Grignan.

Aux Rochers, mercredi 29e janvier 1676.

« Ce qui vous paraîtra plaisant, ma fille, c'est que je suis guérie, que je n'ai plus ni fièvre, ni douleurs, et que pourtant je ne vous écrirai point, mais c'est par la raison même que je suis guérie, que je ne puis écrire. Mes douleurs se sont changées en enflure, de sorte que cette pauvre main droite ne me peut plus servir à griffonner comme ces jours passés : c'est encore un peu d'incommodité qui ne durera pas longtemps. Je ne suis présentement qu'à me consoler des maux que le lit m'a donnés pendant quinze jours, je commence à me promener par ma chambre : je reprends mes forces; cet état n'est point à plaindre, et je vous prie de ne vous en point faire une peine, dans le temps que nous nous en faisons un plaisir sensible. »

498. De Mme de Sévigné et de Charles de Sévigné a Mme de Grignan.

Aux Rochers, vendredi 31e janvier 1676.

« Ne soyez en nulle peine de moi : je suis hors d'affaire, à la réserve que j'ai les bras, les mains, les jarrets, les pieds gros et enflés, et je ne m'en aide point; c'est une incommodité incroyable, mais qui finira bientôt. J'ai été mille fois mieux ici qu'à Paris : je suis servie et traitée comme la Reine. »

De Charles de Sévigné.

« Oh! la belle écriture! ne trouvez-vous pas que ma mère eût tout aussi bien fait de ne pas vous écrire; je souhaite que cela vous serve de consolation! Souhaitez-nous en récompense un peu de patience pour supporter l'enflure et la faiblesse qui restent. Ma mère croyoit que du moment qu'elle n'auroit plus de douleurs, elle pourroit aller à cloche-pied : elle est un peu attrapée de s'en voir si éloignée. Tout ira bien pourvu que l'impatience ne fasse point de mauvais effet. »

De Charles de Sévigné, sous la dictée de Mme de Sévigné a Mme de Grignan.

Aux Rochers, dimanche 2e février 1676.

« Ma chère fille, nous avons lu vos deux dernières lettres avec un plaisir et une joie qu'on ne peut avoir qu'en les lisant. Nous craignons celles où vous allez faire de grands cris sur le mal que j'ai eu premièrement, parce que vous vous en prendrez à moi, et cela n'est point juste : tout le monde, en ce pays, a eu des rhumatismes ou des fluxions sur la poitrine : choisissez. Il falloit bien payer le tribut d'une façon ou d'une autre; et, pour vos inquiétudes et vos frayeurs, elles commencent justement dans le temps qu'il n'y a plus sujet d'en avoir, parce que je suis présentement hors de toute fièvre et des douleurs du rhumatisme; ce qui me reste est d'avoir les pieds et les mains enflés, en sorte que je ne saurois me guérir en marchant de tous les maux que je me suis faits dans le lit; mais cela s'appelle des incommodités, et point du tout des périls. Aussi, ma chère enfant, mettez-vous l'esprit en repos : nous ne songeons qu'à reprendre des forces, à nous en aller à Paris, où je vous donnerai de mes nouvelles. Je ne vous saurois écrire aujourd'hui, j'ai la main droite encore fort enflée; pour la gauche, elle ne l'est plus du tout, elle est toute désenflée et toute ridée! Ç'a été une joie extraordinaire de les voir en cet état. Je vous assure qu'un rhumatisme est une des belles pièces qu'on puisse avoir! J'ai un grand respect pour lui : il a son commencement, son augmentation, son période et sa fin ; heureusement, c'est dans ce dernier terme que nous sommes. »

500. De Charles de Sévigné, sous la dictée de Mme de Sévigné a Mme de Grignan.

Aux Rochers, lundi 3e février 1676.

« Devinez ce que c'est, ma fille, que la chose du monde qui vient le plus vite, qui s'en va le plus lentement, qui vous fait approcher le plus près de la convalescence et qui vous en retire le plus loin, qui vous fait toucher à l'état du monde le plus agréable et qui vous empêche le plus d'en jouir, qui vous donne les plus belles espérances du monde et qui en éloigne le plus l'effet : ne sauriez-vous le deviner ? Jetez-vous votre langue aux chiens ? C'est un rhumatisme. Il y a vingt-trois jours que j'en suis malade ; depuis le quatorze, je suis sans fièvre et sans douleurs, et dans cet état bienheureux, croyant être en état de marcher, qui est tout ce que je souhaite, je me trouve enflée de tous côtés, les pieds, les jambes, les mains, les bras ; et cette enflure, qui s'appelle ma guérison, et qui l'est effectivement, fait tout le sujet de mon impatience, et feroit celui de mon mérite, si j'étois bonne. Cependant je crois que voilà qui est fait, et que dans deux jours je pourrai marcher. Larmechin me le fait espérer : *o che spero !* Je reçois de partout des lettres de réjouissance sur ma bonne santé, et c'est avec raison. Je me suis purgée une fois de la poudre de M. de l'Orme, qui m'a fait des merveilles; je m'en vais encore en reprendre; c'est le véritable remède pour toutes ces sortes de maux : après cela, on me promet une santé éternelle. Dieu le veuille..... Avant que de fermer ce paquet, je demanderai à ma grosse main si elle veut que je vous écrive deux mots : je ne trouve pas qu'elle le veuille; peut-être qu'elle le voudra dans deux heures.

« Adieu, ma très belle et très aimable; je vous conjure tous de respecter, avec tremblement, ce qui s'appelle un rhumatisme; il me semble que présentement, je n'ai rien de plus important à vous recommander, voici le *frater* qui peste contre vous, depuis huit jours, de vous être opposée à Paris, au remède de M. de l'Orme. »

De Charles de Sévigné.

« Si ma mère s'étoit abandonnée au régime de ce bonhomme, et qu'elle eût pris tous les mois de sa poudre, comme il le vouloit, elle ne seroit pas tombée dans cette maladie, qui ne vient que d'une réplétion épouvantable d'humeurs; mais c'étoit vouloir assassiner ma mère, que de lui conseiller d'en prendre une prise. Cependant ce remède si terrible, qui fait trembler en le nommant, qui est composé avec de l'antimoine, qui est une espèce d'émétique, purge beaucoup plus doucement qu'un verre d'eau de fontaine, ne donne pas la moindre tranchée, pas la moindre douleur, et ne fait autre chose que de rendre la tête nette et légère, et capable de faire des vers, si on vouloit s'y appliquer. Il ne falloit pourtant pas en prendre ! « Vous vous moquez, mon frère, de vouloir faire prendre de l'antimoine à ma mère? Il ne faut seulement que du régime, et prendre un petit bouillon de séné tous les mois. » Voilà ce que vous disiez. Adieu, ma petite sœur, je suis en colère quand je songe que nous aurions pu éviter cette maladie avec ce remède, qui nous rend si vite la santé, quoique l'impatience de ma mère lui fasse dire. Ma mère s'écrie : « O mes enfants que vous êtes fous de croire qu'une maladie se puisse déranger! Ne faut-il pas que la Providence de Dieu ait son cours? Et pouvons-nous faire autre chose que de lui obéir? » Voilà qui est fort chrétien; mais prenons toujours à bon compte la poudre de M. de l'Orme. »

501. De Charles de Sévigné, sous la dictée de Mme de Sévigné a Mme de Grignan.

Aux Rochers, dimanche 19e février 1676.

« Voilà justement, ma chère fille, ce que nous avions prévu. Je vois vos inquiétudes et vos tristes réflexions dans le temps que je suis guérie. J'ai été frappée rudement de l'effet que vous feroit cette nouvelle, vous connaissant comme je vous connois pour moi : mais enfin vous avez vu la suite de cette maladie, qui n'a rien eu de dangereux. Nous n'avions point besoin de vous faire de finesse dans le commencement; nous vous parlions de torticolis, et nous croyions en être quitte pour cela; mais le lendemain cela se déclara pour un rhumatisme, c'est-à-dire pour la chose du monde la plus douloureuse et la plus ennuyeuse, et présentement, quoique je sois guérie, que je marche dans ma chambre, et que j'aie été à la messe, je suis toute pleine de cataplasmes : véritablement cette impossibilité d'écrire est quelque chose d'étrange, qui a fait en vous tous les mauvais effets que j'en avais appréhendés. Croiriez-vous bien que notre eau de la reine de Hongrie m'a été tout contraire pendant tout mon mal? Je remercie les Pichons d'avoir remercié Dieu de si bon cœur, et je promets à M. de Grignan deux lignes de ma main aussitôt qu'on m'aura ôté mes cataplasmes. »

A M. de Grignan.

« Présentement que nous sommes dans la joie de voir ramener à vue d'œil la santé de ma mère, je me console de la maladie, parce qu'elle lui apprendra à se conserver comme une personne mortelle. »

De la petite personne, sous la dictée de Mme de Sévigné a Mme de Grignan.

Aux Rochers, mercredi 12e février 1676.

« Ma fille, il n'est plus question de moi, je me porte bien, c'est-à-dire autant que l'on se porte bien de la queue d'un rhumatisme ; car ces enflures s'en vont si lentement, que l'on perdrait fort bien patience, si l'on ne sortoit d'un état qui fait trouver celui-là fort heureux..... Hélène sera ici dans quatre jours : j'ai compris que je ne pourrois m'en passer, voyant bien que mon fils me va ôter Larmechin. »

Il y a tant d'incommodités dans la santé qui suit la guérison d'un rhumatisme, qu'on ne sauroit se passer d'être bien servie. »

503. De Charles de Sévigné, sous la dictée de Mme de Sévigné a Mme de Grignan.

Aux Rochers, dimanche, 16e février 1676.

« Puisque vous jugez la question, qu'il vaut mieux ne point voir de l'écriture de la personne qu'on aime, que d'en voir de mauvaise, je crois que je ne proposerai rien cette fois-ci à ma main enflée ; mais je vous conjure, ma fille, d'être entièrement hors d'inquiétude. Mon fils me fit promener par le plus beau temps du monde : je m'en trouvai fortifiée, et si mes enflures veulent bien me quitter après cinq semaines de martyre, je me retrouverai dans une parfaite santé. Comme j'aime à être dorlotée, je ne suis pas fâchée que vous me plaigniez un peu, et que vous soyez persuadé qu'un rhumatisme, comme celui que j'ai eu, est le plus usuel de tous les maux que l'on puisse avoir. Le *frater* m'a été d'une consolation que je ne puis vous exprimer ; il se connaît assez joliment en fièvre et en santé, j'avois de la confiance en tout ce qu'il me disoit : il avoit pitié de toutes mes douleurs, et le hasard a voulu qu'il ne m'ait trompé en rien de ce qu'il m'a promis, pas même à la promenade d'hier, dont je me suis mieux portée que je n'espérois. Larmechin, de son côté, m'a toujours veillé depuis cinq semaines, et je ne comprends pas du tout ce que j'eusse fait sans ces deux personnes... Ne croyez pas que la coiffure en toupet et les autres ornements que vous me reprochez, aient été en vogue : j'ai été malade de bonne foi, pour la première fois de ma vie,

Et pour mon coup d'essai, j'ai fait un coup de maître. »

504. De la petite personne, sous la dictée de Mme de Sévigné a Mme de Grignan.

Aux Rochers, ce mercredi des Cendres,
19e février 1676.

« Je souhaite, ma chère fille, que vous ayez passé votre carnaval mieux que moi ; rien ne doit vous en avoir empêchée, ma santé ne doit plus, il y a longtemps, vous donner d'inquiétude, pour moi elle me donne de l'ennui.

« La fin infinie d'un rhumatisme est une chose incroyable : on ressent des douleurs qui vous font ressouvenir du commencement ; l'on meurt de peur ; une main se renfle traitreusement, un torticolis vous trouble ; enfin, mon enfant, c'est une affaire que de se remettre en parfaite santé, et comme je l'entreprends, j'en suis fort occupée ; il ne faut pas craindre que je retombe malade par ma faute ; je crains tout ; l'on se moque de moi. Voilà donc, comme vous voyez, ce qui compose une femme d'assez mauvaise compagnie..... L'on me mande mille choses de Paris, sur quoi l'on pourroit discourir si l'on n'avoit point les mains enflées. »

506. De Charles de Sévigné a Mme de Grignan.

Aux Rochers, dimanche, 23e février 1676.

« Ma mère se porte à merveille ; elle prit hier pour la dernière fois de la poudre de M. de l'Orme, qui lui a fait des merveilles. Elle se promène dès qu'il fait beau, je lui donne des conseils dont elle se trouve bien. »

507. De Mme de Sévigné a Mme de Grignan.

Aux Rochers, mercredi, 26e juin 1676.

« J'attends avec impatience, ma chère fille, mes lettres de vendredi ; il me faut encore cette confirmation de votre chère et précieuse santé. Je vous embrasse tendrement, et vais vous dire le reste par mon petit secrétaire. »

De la petite personne, sous la dictée de Mme de Sévigné.

« Je ne vous parle plus de ma santé ; elle est très bonne à la réserve de mes mains que j'ai toujours enflées : si l'on écrivoit avec les jambes, vous recevriez bientôt mes grandes lettres. En attendant, ma chère fille, je quitte les pensées de ma maladie, pour m'occuper de celles qui me sont venues de Provence; elles en sont assez capables ; et, pourvu que votre bonne santé continue, j'aurois assez sujet de remercier Dieu. Nous avons eu un temps admirable ; cela me fortifie et avance mon voyage de Paris. »

508. DE Mme DE SÉVIGNÉ ET DE LA PETITE PERSONNE SOUS LA DICTÉE DE Mme DE SÉVIGNÉ A Mme DE GRIGNAN.

Aux Rochers, dimanche 1er mars.

« Ma main n'en peut plus, mais je me porte très bien, et je vous embrasse, mon cher comte.

« Je repose donc ma main, ma très chère, et je fais agir celle de mon petit secrétaire... Mon fils est parti, et nous sommes assez seules, la petite fille et moi ; nous lisons, nous écrivons, nous prions Dieu; l'on me porte dans ce parc, en chaise, où il fait divinement beau : cela me fortifie : j'y ai fait faire des beautés nouvelles, dont je jouirai peu cette année, car j'ai le nez tourné vers Paris... La Marbeuf s'en est retournée : elle m'étoit fort bonne pour me rassurer contre des traitresses de douleur qui reviennent quelquefois, et dont il faut se moquer parce que c'est la manière de feindre du rhumatisme : c'est un aimable mal. Adieu, ma très chère et très aimable. »

509. De Mme de Sévigné au comte de Bussy-Rabutin.

Aux Rochers, ce 1er mars 1676.

« Qu'avez-vous cru de moi, mon cher cousin, d'avoir reçu une si bonne lettre de vous, il y a plus de six semaines, et de n'y avoir pas fait réponse? En voici la raison : c'est qu'il y en a aujourd'hui sept que ma grande santé, que vous connaissez, fut attaquée d'un cruel rhumatisme dont je ne suis pas encore dehors, puisque j'ai les mains enflées, et que je ne saurois écrire. J'ai eu vingt-et-un jours la fièvre continue. Je me fis lire votre lettre, dont le raisonnement me parut fort juste, mais il s'est tellement confondu avec les rêveries continuelles de ma fièvre qu'il me seroit impossible d'y faire réponse. C'est un étrange noviciat pour une créature comme moi, qui avoit passé sa vie dans une parfaite santé. »

510. De la petite personne, sous la dictée de Mme de Sévigné a Mme de Grignan.

Aux Rochers, mercredi 4e mars.

« Je n'ai point encore de mains.... Je suis chagrine de cette longueur et de retourner à Paris comme estropiée. J'en ai piqué d'honneur mon médecin d'ici, et je prie mon fils, qui est à Paris, de demander à quelque médecin s'il n'y a rien qui puisse avancer cette guérison après deux mois de souffrance.

« Adieu, ma très chère enfant, le bon abbé vous embrasse, et le petit secrétaire vous baise la main gauche ; ma main va toujours en *empirando*, mais vous vous portez bien et moi aussi. »

511. De Mme de Sévigné a Mme de Grignan sous la dictée de la petite personne.

Aux Rochers, dimanche 8e mars 1676.

« Ah! vous le pouvez bien croire, que si ma main vouloit écrire, ce seroit pour vous assurément; mais j'ai beau lui proposer, je ne trouve pas qu'elle veuille. Cette longueur me désole. Je n'écris pas une ligne à Paris. Je vous garde mon griffonnage, car je n'ai qu'un filet de voix, et ne chante que pour Sylvie.

« Voilà donc mon petit secrétaire aimable et joli, qui vient au secours de ma main tremblottante. Je vous aime trop, mon enfant, de m'offrir de venir passer l'été avec moi : je crois fermement que vous le feriez comme vous le dites ; et sans les petites incommodités que j'ai, car un rhumatisme est une chose sur quoi je veux faire un livre, je me résoudrois fort agréablement à voir partir le bon abbé dans quinze jours, et à passer l'été dans ce beau désert..... Je vous avoue, mon enfant, que je suis ravie de votre bonne santé, elle me donne du courage pour perfectionner la mienne ; sans cela, j'aurois tout abandonné : il y a trop d'affaires de se tirer d'un rhumatisme.

« Mandez-moi, ma très chère, en quel état vous êtes relevée, si vous avez le teint beau ; j'aime à savoir des nouvelles de votre personne. Pour moi, je vous dirai que mon visage, depuis quinze jours, est quasi tout revenu ; je suis d'une taille qui vous surprendroit ; je prends l'air et me promène *sur les pieds de derrière*, comme une autre ; je mange avec appétit (mais j'ai retranché le souper entièrement pour jamais) : de sorte, ma fille, qu'à la réserve de mes mains et de quelque douleur par ci, par là, qui va et vient, et me fait souvenir agréablement du cher rhumatisme, je ne suis plus digne d'aucune de vos inquiétudes.....

« Adieu, ma très chère enfant ; ne craignez point que je retombe ; je suis passée de l'excès de l'insolence, pour la santé, à l'excès de la timidité..... Ma très chère, embrassez-moi, car je ne puis vous embrasser. »

513. De Mme de Sévigné a Mme de Grignan.

Aux Rochers, mercredi 11e mars 1676.

« Je fais des lavages à mes mains, de l'ordonnance du vieux de l'Orme (1) qui, au moins, me donne de l'espérance..... Enfin, ma très chère enfant, je puis dire que je me porte très bien. J'ai dans l'esprit de sauver mes jambes, et c'est

(1) Charles de l'Orme, fils de Jean de l'Orme, premier médecin de Marie de Médicis, né à Moulins, en 1584, mort à Paris en 1678. Il mit les eaux de Bourbon en réputation.

ma vie, car je suis tout le jour dans ces bois où il fait l'été ; mais à cinq heures, la poule mouillée se retire, dont elle pleureroit fort bien : c'est une humiliation où je ne puis m'accoutumer. »

514. De Mme de Sévigné et de la petite personne sous la dictée de Mme de Sévigné a Mme de Grignan.

Aux Rochers, dimanche 15e mars 1676.

« Ne craignez point, ma fille, que j'abuse de mes mains ! Je n'écris qu'à vous, et même je ne puis aller bien loin. Voilà mon petit secrétaire.

« Je me sers de ce lavage de M. de l'Orme, mais cette guérison va si lentement que j'espère beaucoup plus au beau temps, dont nous sommes charmés qu'à toutes les herbes du bonhomme. Du reste, je me porte si bien, que je suis résolue à partir samedi 21. Je ne veux point retourner sur tout ce que j'ai souffert pendant mon grand mal ; il me semble qu'il est impossible de sentir de plus vives douleurs, je tâchois d'avoir de la patience, et je voulois mettre à profit une si bonne pénitence ; mais malgré moi je criois de toute ma force. N'en parlons plus, mon enfant, je me porte très bien, et ma timidité présente doit vous répondre de ma sagesse à venir. Vous ririez bien de me voir une poule mouillée comme je suis, regardant à ma montre, et trouvant que quatre et demie est une heure indue.

« Je suis ravie que vous vous portiez bien, et que vous soyez grasse, c'est-à-dire belle. Je pris hier de la poudre du bonhomme, c'est un remède admirable; il a raison de le nommer le bon pain, car il fait précisément tout ce que l'on peut souhaiter, et n'échauffe point du tout ; m'y voilà accoutumée, je crois que cette dernière prise achèvera de me guérir.

« Je vous embrasse, ma très chère, et le comte et les *pichons*: Dieu vous conserve tous dans la parfaite. Enfin, il y a neuf semaines que je n'ai point de mains. On ne saigne point en ce pays, aux rhumatismes. Dieu donne le froid selon la robe ; de tous les maux que je pouvois avoir, j'ai eu précisément le moins périlleux, mais le plus douloureux, et le plus propre à corriger mon insolence, et à me faire une poule mouillée : car les douleurs me feroient courir cent lieues pour les éviter. »

516. De Mme de Sévigné a Mme de Grignan.

Aux Rochers, mercredi 18e mars 1676.

« Ma chère enfant, je ne veux pas forcer ma main ; c'est pourquoi voici le petit secrétaire.

« Je vous apprendrai donc que, ne sachant plus que faire pour mes mains, Dieu m'a envoyé M. de Villebrune qui est très bon médecin ; il m'a conseillé de les faire suer, et tout à l'heure je l'ai fait à la fumée de beaucoup d'herbes fines; je vous assure que ce remède est le meilleur et que cette transpiration est la plus salutaire. Je ne pars que mardi, à cause de l'équinoxe que Villebrune m'a dit qu'il falloit passer ici, et m'a donné cent exemples : enfin, je n'ai que Villebrune dans la tête.

« Adieu, ma très chère, le beau temps continue; si je n'étois poule mouillée, je regretterois les Rochers, mais puisque je crains le serein et qu'il faudroit passer toutes les belles soirées dans ma chambre, les longs jours me feroient mourir d'ennui, et je m'en vais. Il faut une grande santé pour soutenir la solitude et la campagne; quand je l'avois, je ne craignois rien, mais présentement je crains les vapeurs de la rate.

« Je vous embrasse, ma très chère, et le comte. Je suis si lasse de cette chienne d'écriture que, sans que vous croiriez mes mains plus malades, je ne vous écrirois plus que je ne fusse guérie. Cette longueur est toute propre à mortifier une créature qui, comme vous le savez, ne connaît quasi pas cette belle vertu de patience; mais il faut bien se soumettre quand Dieu le veut. C'est bien employé, j'étois insolente ; je reconnois de bonne foi que je ne suis pas la plus forte. »

517. De la petite personne sous la dictée de Mme de Sévigné a Mme de Grignan.

Aux Rochers, ce dimanche 22e mars 1676.

« Je me porte très bien; mais pour mes mains, il n'y a ni rime ni raison.

« Hormis mes mains dont je n'espère la guérison que quand il fera chaud, vous ne devez pas perdre encore l'idée que vous avez de moi, mon visage n'est point changé ; mon esprit et mon humeur ne le sont guère ; je suis maigre et j'en suis bien aise ; je marche et je prends l'air avec plaisir, et si l'on me veille encore, c'est parce que je ne puis me tourner toute seule, mais je ne laisse pas de dormir. Je vous avoue bien que c'est une incommodité, et je la sens un peu ; mais enfin, ma fille, il faut souffrir ce qu'il plaît à Dieu, et trouver encore que je suis heureuse d'en être sortie, car vous savez quelle bête c'est qu'un rhumatisme.

« L'on dit que je vais reprendre le fil de ma belle santé : je le sonhaite pour vous, ma très chère, puisque vous l'aimez tant ; je ne serai pas trop fâchée aussi de vous plaire en cette occasion.

« Vous croyez que nous avons ici un mauvais temps, nous avons le temps de Provence.....

« J'ai bien profité de cette belle saison, dans la pensée que nous aurons l'hiver dans le mois d'avril et de mai, de sorte que c'est l'hiver que je m'en vais passer à Paris. Au reste, si vous m'avez vu faire la malade et la délicate dans ma robe de chambre, dans ma grande chaise, avec des oreillers et coiffée de nuit, de bonne foi vous ne reconnaîtriez pas cette personne qui se coiffoit en toupet, qui mettoit son busc entre sa chair et sa chemise, et qui ne s'asseyoit que sur la pointe des sièges pliants ; voilà sur quoi je suis changée.

« Je pars mardi, les chemins sont comme en été, mais nous avons une bise qui tue mes mains ;

il me faut du chaud, les sueurs ne font rien. Je me porte très bien du reste, et c'est une chose plaisante de voir une femme avec un très bon visage, que l'on fait manger comme un enfant : on s'accoutume aux incommodités. »

518. De Mme de Sévigné a Mme de Grignan.

A Laval, mardi 24e mars 1676.

« Et pourquoi, ma chère fille, ne vous écrirai-je pas aujourd'hui, puisque je le puis ? Je suis partie ce matin des Rochers par un chaud et un temps charmant : le printemps est ouvert dans nos bois. Je me suis fort bien portée et comportée par les chemins. La contrainte offense un peu mes genoux, mais en marchant cela se passe. Mes mains sont toujours malades, il me semble que le chaud va les guérir : ce sera une grande joie pour moi ; il y a bien des choses dont j'ai une grande envie de reprendre l'usage. J'admire comme l'on s'accoutume aux maux et aux incommodités. Qui m'auroit fait voir tout d'une vue tout ce que j'ai souffert, je n'aurois jamais cru y résister, et jour à jour me voilà. »

520. De Mme de Sévigné a Mme de Grignan.

A Paris, mercredi 8e avril 1676.

« Je suis mortifiée et triste de ne pouvoir vous écrire tout ce que je voudrois : je commence à souffrir cet ennui avec impatience, je me porte du reste très bien ; le changement d'air me fait des miracles ; mais mes mains ne veulent point encore prendre part à cette guérison. J'ai vu tous nos amis et amies ; je garde ma chambre et suivrai vos conseils, je mettrai désormais ma santé et mes promenades devant toutes choses.

« Vous voulez que je vous parle de ma santé ; elle est très bonne, hormis mes mains et mes genoux, où je sens quelques douleurs. Je dors bien, je mange bien, mais avec retenue ; on ne me veille plus ; j'appelle, on me donne ce que je demande, on me tourne, et je m'endors. Je commence à manger de la main gauche : c'était une chose ridicule de me voir *imboccar da i sergenti* (mettre les morceaux à la bouche par les sergents (serviteurs) ; et pour écrire vous voyez où j'en suis maintenant. Voilà ce qui me met au désespoir, car c'est une peine incroyable pour moi de ne pouvoir causer avec vous : c'est m'ôter la satisfaction que rien ne peut réparer. On me dit mille biens de Vichy, et je crois que je l'aimerai mieux que Bourbon pour deux raisons : l'une que Mme de Montespan va à Bourbon, et l'autre, que Vichy est plus près de vous.....

« Vous vous moquez de Villebrune ; il ne m'a pourtant rien conseillé que l'on ne me conseille ici. Je m'en vais faire suer mes mains... Il y a six jours que je suis dans ma chambre à faire l'entendue à me reposer. »

521. De Mme de Sévigné a Mme de Grignan.

A Paris, vendredi 10e avril 1676.

« Plus j'y pense, ma bonne, et plus je trouve que je ne veux point vous voir pour quinze jours. Si vous venez à Vichy ou à Bourbon, il faut que ce soit pour venir ici avec moi ; nous y passerons le reste de l'été et de l'automne, vous me gouvernerez, vous me consolerez, et M. de Grignan vous viendra voir cet hiver, et fera de vous tout ce qu'il trouvera à propos. Voilà comme on fait une visite à une mère que l'on aime, voilà le temps que l'on lui donne, voilà comme on la console d'avoir été bien malade, et d'avoir encore mille incommodités, et d'avoir perdu la jolie chimère de se croire être immortelle; présentement elle commence à se douter de quelque chose et se trouve humiliée jusqu'au point d'imaginer qu'elle pourrait bien passer un jour dans la barque comme les autres et que Caron ne fait point de grâce.

« Vous voyez que mon écriture prend sa forme ordinaire : toute la guérision de ma main se renferme dans l'écriture ; elle sait bien que je la quitterai volontiers du reste d'ici à quelques temps. Je ne puis rien porter : une cuillère me paraît la machine du monde et je suis encore assujetie à toutes les dépendances les plus fâcheuses et les plus humiliantes : mais je ne me plains de rien, puisque je vous écris.

« Je garde ma chambre très fidèlement, et j'ai remis mes Pâques, à dimanche, afin d'avoir des jours entiers à me reposer. Mme de Coulanges apporte au coin de mon feu les restes de sa petite maladie; je lui portai hier mon mal de genou et mes pantoufles.... Ma main veut se reposer, je lui dois bien cette complaisance pour celle qu'elle a pour moi. »

522. De Mme de Sévigné au comte de Bussy-Rabutin.

A Paris, ce 10e avril 1676.

« Enfin me voilà de retour à la bonne ville, mon pauvre cousin. Je vous écris avec une main encore enflée de mon rhumatisme, et comme c'est avec beaucoup de peine, je finirai promptement. »

Mme de Sévigné a Mme de Grignan.

A Paris, mercredi 15e avril 1676.

« Je ne sors point, il fait un vent qui empêche la guérison de mes mains; elles écrivent pourtant mieux, comme vous voyez. Je me tourne la nuit sur le côté gauche; je mange de la main gauche. Voilà bien du gauche. Mon visage n'est quasi pas changé; vous trouverez fort aisément que vous avez vu *ce chien de visage-là quelque part* : c'est que je n'ai point été soignée, ma fille, et que je n'ai qu'à me guérir de mon mal, et non pas des remèdes.

« J'irai à Vichy, on me dégoute de Bourbon à cause de l'air. La maréchale d'Estrées veut que j'aille à Vichy : c'est un pays délicieux.

« Vous me paraissez bien pleinement satisfaite des dévotions de la semaine sainte et du jubilé ; vous aurez été en retraite dans votre château. Pour moi, ma chère, je n'ai rien senti que par mes pensées, car nul objet n'a frappé mes sens, et j'ai mangé de la viande jusqu'au vendredi saint : j'avais seulement la consolation d'être fort loin de toute occasion de pécher.

525. De Mme de Sévigné a Mme de Grignan.

A Paris, vendredi 17e avril 1676.

« Il me semble que je n'écris pas trop mal, Dieu merci : du moins je vous réponds des premières lignes ; car vous saurez, ma chère fille, que mes mains, c'est-à-dire ma main droite ne veut entendre encore à nulle autre proposition que celle de vous écrire : je l'en aime mieux. On lui présente une cuillère, point de nouvelle ; elle tremblotte et renverse tout ; on lui demande encore d'autres certaines choses, elle refuse tout à plat, et croit que je suis encore trop obligée. Il est vrai que je ne lui demande plus rien, j'ai une patience admirable, et j'attends mon entière liberté du chaud et de Vichy ; car comme on m'a assurée qu'on y prend la douche, qu'on s'y baigne, et que les eaux y sont meilleures qu'à Bourbon, la beauté du pays et la pureté de l'air m'ont décidée, et je partirai le plus tôt que je le pourrai. »

526. De Mme de Sévigné a Mme de Grignan.

A Paris, mercredi 22e avril 1676.

« Pour ma santé, elle est toujours très bonne; je suis à mille lieues de l'hydropisie, il n'en a jamais été question; mais je n'espère la guérison de mes mains, de mes épaules et de mes genoux qu'à Vichy, tant mes pauvres nerfs ont été rudement affligés du rhumatisme : aussi je ne songe qu'à partir. L'abbé Bayard et Saint-Herem m'y attendent: je vous ai dit que la beauté du pays et des promenades, et la bonté de l'air l'avaient emporté sur Bourbon. J'ai vu les meilleurs ignorants d'ici, qui me conseillent des remèdes si différents pour mes mains, que pour les mettre d'accord je n'en fais aucun; et je me trouve encore trop heureuse que sur Vichy ou Bourbon ils soient du même avis. Je crois qu'après ce voyage vous pourrez reprendre l'idée de santé et de gaîté que vous avez conservée de moi. Pour l'embonpoint, je crois que je suis comme je n'ai jamais été : je suis d'une taille si merveilleuse que je ne conçois point qu'elle puisse changer, et pour mon visage, cela est ridicule d'être encore comme il est. M. de Viriville me vint chercher justement un jour que je fis une équipée; j'allai diner à Livry avec Corbinelli, il faisoit divin, je me promenois délicieusement jusqu'à cinq heures, et puis la poule mouillée s'en revient pleine de force et de santé. »

527. De Mme de Sévigné a Mme de Grignan.

A Paris, vendredi 24e avril 1676.

« Je suis toujours assez incommodée de mes mains. Le vieux de l'Orme ne veut pas que je parte avant la fin de mai; mais tout le monde s'en va, et la maison que j'ai retenue m'échappe : il veut Bourbon, mais c'est par cabale ; aussi je suivrai les expériences qui sont pour Vichy. »

531. De Mme de Sévigné a Mme de Grignan.

A Paris, lundi 4e mai 1676.

« Mon Dieu, ma bonne, vous croyez avoir pris médecine, vous êtes bien heureuse; je voudrois bien croire que j'ai été bien saignée : ils disent qu'il faut cette préparation avant que de prendre des eaux.

« Vous voyez que j'écris assez bien : je crois que mes mains seront bientôt guéries; mais je me sens si pleine de sérosités par les continuelles petites sueurs dont je suis importunée, que je comprends qu'une bonne fois il faut sécher cette éponge : la crainte d'avoir encore une fois dans ma vie un rhumatisme me feroit faire plus de chemin que d'ici à Vichy.

« Vous me demandez ce que je fais : je prends l'air fort souvent... Enfin, j'ai rafraîchi ma mémoire de tout ce que vingt-deux jours de peine m'avoient un peu effacé; car vous savez bien que j'étais sujette à de grandes rêveries, qu'elles me confondoient souvent les vérités. »

532. De Mme de Sévigné a Mme de Grignan.

A Paris, mercredi 6e mai 1676.

« Nous partons lundi ; je ne veux point passer par Fontainebleau, à cause de la douleur que j'y sentis en vous reconduisant jusque-là. Que je vous plains, ma très belle, d'avoir pris une vilaine médecine plus noire que jamais ! Ma petite poudre d'antimoine est la plus jolie chose du monde : c'est le bon pain, comme dit le vieux de la Montagne (de l'Orme). Je lui désobéis un peu, car il m'envoie à Bourbon ; mais l'expérience de mille gens, et le bon air, et point tant de monde, tout cela m'envoie à Vichy. La bonne d'Escars vient avec moi, j'en suis fort aise. Mes mains ne se ferment point ; j'ai mal aux genoux, aux épaules, et je me sens encore si pleine de sérosités, que je crois qu'il faut sécher ces marécages, et que dans le temps où je suis il faut extrêmement se purger, et c'est ce qu'on ne peut faire qu'en prenant des eaux chaudes. Je prendrai aussi une légère douche à tous les endroits encore affligés du rhumatisme : après cela il me semble que je me porterai fort bien.

« J'ai été saignée ce matin, comme je vous l'ai déjà dit au bas de la consultation : en vérité, c'est une grande affaire, Maurel en étoit tout épouvanté : me voilà présentement préparée à partir. »

535. De Mme de Sévigné a Mme de Grignan.

A Paris, dimanche au soir, 10e mai 1676.

« Je pars demain à la pointe du jour et je donne ce soir à souper à Mme de Coulanges, son mari, Mme de la Troche, M. de la Trousse, Mlles de Montgeron et Corbinelli, afin de me dire adieu en mangeant une tourte de pigeons.

« ..... Je suis persuadée que ce qui échauffe est plus sujet à ces sortes de revers que ce qui raffraîchit : il en faut toujours revenir là ; et afin que vous le sachiez, toutes mes sérosités viennent si droit de la chaleur de mes entrailles, qu'après les avoir consumées à Vichy, on va me rafraîchir plus que jamais par des eaux, par des fruits, et par tous mes lavages que vous connaissez.

« Je vais me coucher, ma fille ; voilà ma petite compagnie qui vient de partir... Je pars demain à cinq heures ; je vous écrirai de tous les lieux où je passerai. Je vous embrasse de tout mon cœur ; je suis fâchée que l'on ait profané cette façon de parler ; sans cela, elle seroit digne d'expliquer de quelle façon je vous aime. »

De Mme de Sévigné a Mme de Grignan.

A Montargis, mardi 12e mai 1676.

« J'ai couché à Courance, où je me serois bien promenée si je n'étois point encore une sotte poule mouillée ; c'est *mouillée* au pied de la lettre, car je sue tout le jour. J'ai encore des peaux de lièvre, parce que le frais du matin qui donne la vie à tout le monde, me paraît un hiver glacé ; de sorte que j'aime mieux avoir trop chaud dix heures durant, que d'avoir froid une demi-heure. Que dites-vous de ces agréables restes de rhumatisme? Ne croyez-vous pas que j'aie besoin des eaux chaudes? sauf à me rafraîchir à mon retour, car mes entrailles ne sont pas à la glace. Enfin, me voilà en chemin, et même dans votre chemin. Nous parlons souvent de vous, la d'Escars et moi, et j'y pense sans cesse. Il faudroit être *spensierata* (indifférente), dit-on, pour bien prendre les eaux ; il est difficile que je sois dans cet état bienheureux, étant si loin du bon abbé ; il me semble toujours qu'il va tomber malade. Savez-vous comme je l'ai laissé? Avec un seul laquais. Il a voulu me donner ses deux chevaux pour m'en faire six, avec son cocher et Beaulieu. »

537. De Mme de Sévigné a Mme de Grignan.

A Nevers, vendredi 15e mai 1676.

« Voici une route où l'on est tentée de vous écrire, quand on ne le voudroit pas : jugez ce que c'est quand d'ailleurs on y est aussi bien disposée que je le suis. Le temps est admirable, cette grosse chaleur est dissipée sans orage ; je n'ai plus de ces crises dont je vous avois parlé. Je trouve le pays très beau, et ma rivière de Loire m'a paru quasi aussi belle qu'à Orléans : c'est un plaisir de trouver en chemin d'anciennes amies. J'ai amené mon grand carrosse, de sorte que nous ne sommes nullement pressées et nous jouissons avec plaisir des belles vues dont nous sommes surprises à tout moment. Tout mon déplaisir, c'est que l'hiver les chemins sont une autre affaire, et vous aurez autant de fatigues que nous en avons peu. Nous suivons les pas de Mme de Montespan; nous nous faisons conter partout ce qu'elle dit, ce qu'elle fait, ce qu'elle mange, ce qu'elle dort. Elle est dans une calèche à six chevaux, avec la petite de Thianges; elle a un carrosse derrière, attelé de la même sorte, avec six filles; elle a deux fourgons, six mulets, et dix ou douze cavaliers à cheval sans ses officiers : son train est de quarante-cinq personnes. Elle trouve sa chambre et son lit tout prêts; en arrivant, elle se couche, et mange très bien. Elle fut ici au château où M. de Nevers étoit venu donner ses ordres, et ne demeura point pour la recevoir. On lui vient demander des charités pour les églises; elle jette beaucoup de louis d'or partout fort charitablement et de fort bonne grâce. Elle a tous les jours du monde un courrier de l'armée; elle est présentement à Bourbon. »

538. De Mme de Sévigné a Mme de Grignan.

A Moulins, à la Visitation, dans la chambre où ma grand'mère est morte; entourée des deux petites. Valençay, ce dimanche après vêpres, 17e de mai.

« J'arrivai hier au soir ici, ma chère enfant,

en six jours, très agréablement. Mme Fouquet, son beau-frère et son fils vinrent au devant de moi ; ils m'ont logé chez eux. J'ai dîné ici, et je pars demain pour Vichy..... Vous croyez donc n'avoir pas été assez affligée de ma maladie, eh bon Dieu ! qu'auriez-vous pu faire ? Vous avez été plus en peine que je n'ai été en péril. Comme la peine que j'ai eue vingt-deux jours était causée par la douleur, elle ne faisoit peur à personne. Pour mes rêveries, elles venaient dire que je ne prenois que quatre bouillons par jour, et qu'il y a des gens qui rêvent toujours pendant la fièvre. Votre frère m'en a fait des farces à mourir de rire : il a retenu toutes mes extravagances, et vous en réjouira. Ayez donc l'esprit en repos, ma belle, vous n'avez été que trop inquiète et trop affligée de mon mal. »

539. De Mme de Sévigné a Mme de Grignan.

A Vichy, mardi 19e mai 1676.

« Je commence aujourd'hui à vous écrire ; ma lettre partira quand elle pourra ; je veux causer avec vous. J'arrivai ici hier au soir. Mme de Brissac avec le chanoine, Mme de Saint-Hérem et deux ou trois autres me vinrent recevoir au bord de la jolie rivière d'Allier : je crois que si on y regardoit bien, on y trouveroit encore des bergers de l'*Astrée*. Je me suis reposée aujourd'hui, et demain je commencerai à boire... Nous nous sommes promenés ce soir dans les plus beaux endroits du monde, et à sept heures la poule mouillée vient manger son poulet et causer avec sa chère enfant : on vous en aime mieux quand on en voit d'autres.

« J'attends ici de vos lettres avec bien de l'impatience ; et pour vous écrire, ma chère enfant, c'est mon unique plaisir, étant loin de vous ; et si les médecins, dont je me moque extrêmement, me défendoient de vous écrire, je leur défendrois de manger et de respirer, pour voir comme ils se trouveroient de ce régime. »

Mercredi, 20e mai.

« J'ai donc pris des eaux ce matin, ma très chère ; ah, qu'elles sont méchantes ! J'ai été prendre le *chanoine* qui ne loge pas avec Mme de Brissac. On va à six heures à la fontaine : tout le monde s'y trouve, on boit, et l'on fait une fort vilaine mine ; car imaginez-vous qu'elles sont bouillantes, et d'un goût de salpêtre fort désagréable. On tourne, on va, on vient, on se promène, on entend la messe, on rend les eaux, on parle confidemment de la manière dont on les rend : il n'est question que de cela jusqu'à midi. Enfin, on dîne ; après dîner, on va chez quelqu'un ; c'étoit aujourd'hui chez moi. Mme de Brissac a joué à l'hombre avec Saint-Hérem et Plancy ; le chanoine et moi nous lisons l'Arioste ; elle a l'italien dans la tête, elle me trouve bonne. Il est venu des demoiselles du pays avec une flûte qui ont dansé la bourrée dans la perfection. C'est ici où les bohémiennes poussent leurs agréments ; elles font des *dégognades*, où les curés trouvent un peu à redire ; mais enfin, à cinq heures, on va se promener dans des pays délicieux ; à sept heures on soupe légèrement, on se couche à dix. Vous en savez maintenant autant que moi. Je me suis assez bien trouvée de mes eaux : j'en ai bu douze verres ; elles m'ont un peu purgée, c'est tout ce qu'on désire, je prendrai la douche dans quelques jours. »

Jeudi, 21e mai.

« Mes eaux m'ont fait encore aujourd'hui beaucoup de bien ; il n'y a que la douche que je crains... Je mange mon potage de la main gauche, c'est une nouveauté. »

De Mme de Sévigné a Mme de Grignan.

A Vichy, dimanche 24e mai 1676.

« Ma chère, je me porte fort bien, je bois tous les matins, je suis un peu comme Nouveau qui demandait : « Ai-je bien du plaisir ? » Je demande aussi : « Rends-je bien mes eaux ? La qualité, la quantité tout va-t-il bien ? » On m'assure que ce sont des merveilles, et je le crois, et même je le sens ; car, à la réserve de mes mains et de mes genoux qui ne sont point guéris, parce que je n'ai pas encore pris ni le bain, ni la douche, je me porte tout aussi bien que j'ai jamais fait.

« La beauté des promenades est au-dessus de ce que je puis vous en dire : cela, seul me redonneroit la santé. On est tout le jour ensemble. Mme de Brissac et le chanoine dînent ici fort familièrement : comme on ne mange que des viandes fort simples, on ne fait nulle façon de donner à manger.

« Je reçois mille présents de tous côtés ; c'est la mode du pays, où d'ailleurs la vie ne coûte rien du tout ; enfin, trois sous deux poulets et tout à proportion. »

542. De Mme de Sévigné a Mme de Grignan.

A Vichy, mardi 26e mai 1676.

« Je dois encore recevoir quelques-unes de vos lettres de Paris : elles seront toutes les bienvenues, ma très chère ; elles sont trop aimables. Vous avez une idée de ma santé qui n'est pas juste : ne savez-vous pas que j'ai conservé mes belles jambes ? Ainsi je marche fort bien, j'ai mal aux mains, aux genoux, aux épaules, on m'assure que la douche me guérira ; j'ai très bon visage, je dors et je mange bien, et je veux me persuader que tout cela n'est rien ; j'ai même si peu d'humeurs, que je ne prendrai des eaux que quinze jours, crainte de me trop échauffer. Je commencerai demain la douche et vous manderai sans cesse des nouvelles.

« Il y a ici des femmes fort jolies ; elles dansèrent hier des bourrées du pays, qui sont en vérité les plus jolies du monde ; il y a beaucoup de mouvement, et l'on se *dégogne* extrêmement. Il y avait un grand garçon déguisé en femme qui me divertit fort, car sa jupe était toujours en l'air, et l'on voyoit dessous de fort belles jambes »

543. De Mme de Sévigné a Mme de Grignan.

A Vichy, jeudi 28e mai 1676.

« Vous avez raison de croire que j'écris sans effort, et que mes mains se portent mieux : elles ne se ferment point encore, et les dedans de la main sont fort enflés, et les doigts aussi. Cela me fait trembloter, et me fait de la plus méchante grâce du monde dans le bon air des bras et des mains ; mais, je tiens très bien une plume, et c'est ce qui me fait prendre patience.

« J'ai commencé aujourd'hui la douche : c'est une assez bonne répétition du purgatoire. On est toute nue dans un petit lieu, sous terre, où l'on trouve un tuyau de cette eau chaude, qu'une femme vous fait aller où vous voulez.

« Cet état où l'on conserve à peine une feuille de figuier pour tout habillement, c'est une chose assez humiliante. J'avois voulu mes deux femmes de chambre, pour voir encore quelqu'un de connaissance. Derrière le rideau se met quelqu'un qui vous soutient le courage pendant une demi-heure ; c'étoit pour moi un médecin de Ganat que Mme de Noailles a mené à toutes ses eaux; qu'elle aime fort, qui est un fort honnête garçon, point charlatan ni préoccupé de rien, qu'elle m'a envoyé par pure et bonne amitié. Je le retiens, dût-il m'en coûter mon bonnet, car ceux d'ici me sont insupportables; cet homme m'amuse. Il ne ressemble point à un vilain médecin, il a de l'esprit, de l'honnêteté ; il connaît le monde ;

enfin j'en suis contente. Il me parloit donc pendant que j'étois au supplice. Représentez-vous un jet d'eau contre quelqu'une de vos pauvres parties, toute la plus bouillante que vous puissiez vous imaginer. On met d'abord l'alarme partout, pour mettre en mouvement tous les esprits ; et puis on s'attache aux jointures qui ont été affligées ; mais quand on vient à la nuque du cou, c'est une sorte de feu et de surprise qui ne se peut comprendre ; cependant c'est là le nœud de l'affaire. Il faut tout souffrir, et l'on souffre tout, et l'on n'est point brûlée et on se met ensuite dans un lit chaud, où l'on sue abondamment, et voilà qui guérit. Voici encore où mon médecin est bon, car au lieu de m'abandonner à deux heures d'un ennui qui ne se peut séparer de la sueur, je le fais lire et cela me divertit. Enfin, je ferai cette vie pendant sept ou huit jours, pendant lesquels je croyais boire, mais on ne veut pas, ce seroit trop de choses ; de sorte que c'est une petite allonge à mon voyage ; les dérèglements sont tous réglés, et c'est pour finir cette action, et faire une dernière lessive, que l'on m'a principalement envoyée, et je trouve qu'il y a de la raison : c'est comme si je renouvelois un bail de vie et de santé ; et si je puis vous revoir, ma chère, et vous embrasser encore d'un cœur comblé de tendresse et de joie, vous pourrez peut-être m'appeler encore votre *bellissima madre*, et je ne renoncerai pas à la qualité de *mère beauté,* dont M. de Coulanges m'a honoré. »

De Mme de Sévigné a Mme de Grignan.

A Vichy, lundi au soir 1er 1676.

« Mais parlons de la charmante douche; je vous en ai fait la description; j'en suis à la quatrième; j'irai jusqu'à huit. Mes sueurs sont si extrêmes que je perce jusqu'à mes matelas; je pense que c'est toute l'eau que j'ai bue depuis que je suis au monde. Quand on entre dans ce lit, il est vrai qu'on n'en peut plus : la tête et tout le corps sont en mouvement, tous les esprits en campagne, des battements partout. Je suis une heure sans ouvrir la bouche, pendant laquelle la sueur commence et continue pendant deux heures; et de peur de m'impatienter, je fais lire mon médecin, qui me plaît; il vous plairoit aussi. Je lui mets dans la tête d'apprendre la philosophie de votre père Descartes; je ramasse des mots que je vous ai ouï dire. Il sait vivre, il n'est point charlatan; il traite la médecine en galant homme; enfin il m'amuse. Je vais être seule et j'en suis fort aise : pourvu qu'on ne m'ôte pas le pays charmant, la rivière d'Allier, mille petits bois, des ruisseaux, des prairies, des moutons, des chèvres, des paysannes qui dansent la bourrée dans les champs, je consens de dire adieu à tout le reste; le pays seul me guériroit. Les sueurs qui affaiblissent tout le monde, me donnent de la force, et me font voir que ma faiblesse venoit des superfluités que j'avois encore dans le corps. Mes genoux se portent bien mieux; mais mes mains ne veulent pas encore, mais elles voudront avec le temps. Je boirai encore huit jours, du jour de la Fête-Dieu, et puis je penserai avec douleur à m'éloigner de vous. »

545. De Mme de Sévigné a Mme de Grignan.

A Vichy, jeudi 4e juin 1676.

« J'ai achevé aujourd'hui ma douche et ma *suerie :* je crois qu'en huit jours il est sorti de mon corps plus de vingt pintes d'eau. Je suis persuadée que rien ne me peut faire plus de bien; je me crois à couvert des rhumatismes pour le reste de ma vie. La douche et la sueur sont assurément des états pénibles; mais il y a une certaine demi-heure, où l'on se trouve à sec et fraîchement, et où l'on boit de l'eau de poule fraîche; je ne mets point ce temps au rang des plaisirs médiocres. Mon médecin m'empêchoit de mourir d'ennui : il me divertissoit à me parler de vous, il en est digne. Je m'en vais prendre demain une légère médecine, et puis boire huit jours, et puis c'est fait. Mes genoux sont comme guéris; mes mains ne veulent pas encore se fermer; mais pour cette lessive que l'on vouloit faire de moi une bonne fois, elle le sera dans la perfection.

« Vous ne comprenez pas mes mains, ma chère fille : j'en fais présentement une partie de ce que je veux; mais je ne les puis fermer qu'autant qu'il faut pour tenir une plume; le dedans ne fait aucun semblant de vouloir se désenfler. Que dites-vous des restes agréables d'un rhumatisme? M. le cardinal me mandoit l'autre jour, que les médecins avoient nommé son mal de tête un rhumatisme de membrane : quel diantre de nom. A ce mot de rhumatisme, je pensai pleurer. »

546. De Mme de Sévigné a Mme de Grignan.

A Vichy, lundi 8e juin 1676.

« Vous êtes en peine de ma douche, ma très chère; je l'ai prise huit matins, comme je vous l'ai mandé; elle m'a fait suer abondamment; c'est tout ce qu'on souhaite, et bien loin de m'en trouver plus faible, je m'en trouve plus forte; il est vrai que vous m'auriez été d'une grande consolation; mais je doute que j'eusse voulu vous souffrir dans cette fumée : pour ma sueur, elle vous auroit un peu fait pitié; mais enfin, je suis le prodige de Vichy, pour avoir soutenu courageusement la douche. Mes jarrets en sont guéris ; si je fermois les mains, il n'y paraîtroit plus. Pour les eaux, j'en prendrai jusqu'à samedi; c'est mon seizième jour; elles me purgent et me font beaucoup de bien.

« Tout mon déplaisir, c'est que vous ne voyez pas danser les bourrées de ce pays; c'est la plus surprenante chose du monde; des paysans, des paysannes, une oreille plus juste que vous, une légèreté, une disposition, enfin j'en suis folle. Je donne tous les soirs un violon avec un tambour de basque qui me coûte quatre sous ; et dans ces prés et ces petits bocages, c'est une joie d'y voir danser les restes des bergers et des bergères de Lignou.

« Vous me demandez si je suis dévote, ma bonne ; hélas ! non, dont je suis très fâchée, mais il me semble que je me détache un peu de ce qui s'appelle le monde. La vieillesse et un peu de maladie donnent le temps de faire de grandes réflexions ; mais ce que j'épargne sur le public, il me semble que je vous le redonne : ainsi je n'avance guère dans le pays du détachement.

« Je viens de prendre et de rendre mes eaux à moitié : il est mardi, à dix heures du matin. Comme je suis bien assurée que pour vous plaire, il faut que je quitte la plume, je le fais, ma très chère, vous embrassant de toute ma tendresse. »

547. De Mme de Sévigné a Mme de Grignan.

A Vichy, jeudi au soir, 11e juin 1676.

« Ce médecin que je tiens ici pour causer avec moi ne se pouvoit lasser de voir comme naturellement je m'étois attachée à ce père. Je l'ai assuré que s'il alloit en Provence, et qu'il vous fît dire qu'il a toujours été avec moi à Vichy, il seroit pour le moins aussi bien reçu. Il m'a paru qu'il mouroit d'envie de partir pour aller vous dire de mes nouvelles de ma santé ; hors mes mains, elle est parfaite ; et je suis assurée que vous aurez quelque joie de me voir et de m'embrasser en l'état où je suis, après avoir vu celui où j'ai été. »

Vendredi, à midi.

« Je viens de la fontaine, c'est-à-dire à neuf heures et j'ai rendu mes eaux; ainsi, ma très aimable, ne soyez point fâchée que je fasse une légère réponse à votre lettre.

« Je reviens à ma santé : elle est très admirable ; les eaux et la douche m'ont extrêmement purgé, et au lieu de m'affaiblir, je me suis fortifiée : je marche tout comme un autre ; je crains de rengraisser, voilà mon inquiétude, car j'aime à être comme je suis. Mes mains ne se ferment pas, voilà tout ; le chaud fera mon affaire. On veut m'envoyer au Mont-d'Or, je ne veux pas. Je mange présentement de tout, c'est-à-dire, je le puis, quand je ne prendrai plus les eaux. Personne ne s'est si bien trouvée de Vichy que moi, car bien des gens pourroient dire :

Ce bain si chaud, tant de fois éprouvé,
M'a laissé comme il m'a trouvé.

« Pourquoi je mentirois; car il s'en faut si peu que je ne fasse de mes mains comme les autres, qu'en vérité ce n'est plus la peine de se plaindre. »

548. De Mme de Sévigné a Mme de Grignan.

A Langlar, chez M. l'abbé Bayard, lundi 15e juin 1676.

« Je viens ici samedi, comme je vous l'avois mandé. Je me purgeai hier pour m'acquitter du cérémonial de Vichy, comme vous vous acquittiez l'autre jour des compliments de Provence à vos dames de carton, je me porte fort bien ; le chaud achèvera mes mains ; je jouis avec plaisir et modération de la bride qu'on m'a mise sur le cou ; je me promène un peu tard ; je reprends mon heure de coucher ; mon sommeil se raccommode avec le matin ; je ne suis plus une sotte poule mouillée ; je conduis pourtant très sagement ma barque ; et si je m'égarois, il n'y auroit qu'à me crier : *rhumatisme !* c'est un mot qui me feroit bien vite rentrer dans mon devoir.

« Je viens, ma fille, de recevoir votre lettre du dixième ; je vous en remercie toujours par l'extrême plaisir que vos lettres me donnent. Je n'ai plus les mains enflées, mais je ne les ferme pas ; et comme j'ai toujours espéré que le chaud les remettroit, j'avois fondé mon voyage de Vichy sur cette lessive dont je vous ai parlé, et sur les sucurs de la douche, pour m'ôter à jamais la crainte du rhumatisme : voilà ce que je voulois et ce que j'ai trouvé. »

549. De Mme de Sévigné a Mme de Grignan.

A Moulins, jeudi 18e juin 1676.

« Je me porte très bien ; j'attends du chaud, la liberté de mes mains ; elles me servent quasi, comme si de rien n'étoit ; j'y suis accoutumée, et je trouve que ce n'est point une chose nécessaire que de fermer les mains : à quoi sert cela ? C'est une vision, quand il n'y a personne à qui l'on veuille serrer la main, ce m'est un reste de souvenir de ce mal que j'honore tant, et dont le nom seul me fait trembler. »

550. De Mme de Sévigné a Mme de Grignan.

A Moulins, dimanche au soir, 21e juin 1676.

« Je vous conjure de ne pas me manquer cet hiver : je ne puis avoir nulle sorte d'incommodité que celle ne ne vous avoir pas. Voilà où mon courage m'abandonneroit. Ma chère enfant, ne laissez pas finir ma vie sans me donner la joie de vous embrasser tendrement. Pour mes mains, elles ne me font point de mal ; elles sont infermables encore ; mais je mange et je m'en sers assez pour n'être quasi plus incommodée; je n'ai plus l'air malade, je suis votre *bellissima*, vous ne le voulez pas croire. »

551. De Mme de Sévigné a Mme de Grignan.

A Briare, mercredi 24e juin 1676.

« Nous partîmes donc lundi de Moulins : nous avons eu des chaleurs excessives... Nous partons à 4 heures du matin, nous nous reposons longtemps à la dînée, nous dormons sur la paille et sur les coussins du carrosse, pour éviter les incommodités de l'été. Je suis d'une paresse digne de la vôtre par le chaud : je vous tiendrai compagnie à causer sur un lit, tant que terre nous pourroit porter.

« Les médecins appellent l'opiniâtreté de mes mains un reste de rhumatisme un peu difficile à persuader, mais voici un chaud qui doit convaincre de tout. Je suis tellement en train de suer, que je sue toujours et la bonne d'Escar alors me propose d'enlever des habits, parce qu'elle dit que j'aime à suer. Il est vrai qu'il me reste encore la fantaisie de croire que j'ai froid quand je n'ai pas extrêmement chaud : cela s'en ira avec la poule mouillée qui prend tous les jours congé de moi. »

553. Mme De Sévigné a Mme de Grignan.

A Paris, mercredi 1er juillet 1676.

« Enfin nous arrivâmes ici : je trouvai MMmes de Villars, de Saint-Géran de Hendicourt, qui me demandèrent quand j'arriverois ; elles ne venoient que pour cela. Un moment après M. de la Rochefoucauld, Mme de la Sablière par hasard, les Coulanges, Lanzei d'Hacqueville. Voilà qui est fait, nous suions tous à grosses gouttes ; jamais les thermomètres ne se sont trouvés à telle fête : il y a presse dans la rivière ; Mme de Coulanges dit qu'on ne s'y baigne plus que par billets. Pour moi, qui suis en train de suer, je ne finis pas et je change bien trois fois de chemise en un jour.

Le *Bien bon* fut ravi de me revoir, et ne sachant qu'elle chère me faire, il me témoigna une extrême envie que j'eusse bientôt une joie pareille à la sienne. J'ai reçu bien des visites ces deux jours. J'ai célébré les eaux salutaires de Vichy, et si jamais le vieux de l'Orme prend congé de la compagnie, la maréchale d'Estrées et moi, nous entreprenons de confondre Bourbon.

« Je n'ai pas entendu parler depuis ce temps-là de ce que nous croyons qui a causé tous mes maux : je crois en être entièrement quitte, je ne renonce pas à me faire saigner, quand on le jugera à propos. La poudre du bonhomme pourra trouver sa place aussi, quand je me serai rendue digne de son opération ; car présentement les eaux et la douche de Vichy m'ont si bien savonnée, que je crois n'avoir plus rien dans le corps, et vous pouvez dire, comme à la comédie : « Ma mère n'est point impure », je tâterai de Livry, et croyez mon enfant, que j'userai sagement de cette bride qu'on m'a mise sur le cou. »

556. De Mme de Sévigné a Mme de Grignan.

A Paris, mercredi, 8e juillet 1676.

« Je vous dirai que nous regardons la fatigue de venir par les chaleurs et par la diligence comme une chose terrible, et qui pourroit vous faire malade ! Et pourquoi cette précipitation pour une santé qui est beaucoup meilleure qu'elle n'a encore été ? je marche, je mange, et il n'y a que mes mains qui me donnent une incommodité.

« Je reçois votre lettre du 1er juillet. Vous me paraissez toujours en peine de ma santé : votre amitié vous donne des inquiétudes que je ne mérite plus. Il est vrai que je ne puis fermer les mains ; mais je les remue, et m'en sers à toutes choses ; je ne saurois couper ni peler des fruits, ni ouvrir des œufs, mais je mange, j'écris, je me coiffe, je m'habille ; on ne s'aperçoit de rien et je ne mérite aucune louange de souffrir patiemment cette légère incommodité. Si l'été ne me guérit pas, on me fera mettre les mains dans une gorge de bœuf ; mais comme ce ne sera que cet automne, je vous assure que je vous attendrai pour ce vilain remède ; peut-être n'en sera-t-il pas besoin. Je marche très bien, et mieux que jamais, car je ne suis plus une *grosse crevée*, j'ai le dos d'une *plateur* qui me ravit : je serois au désespoir d'engraisser, et que vous ne me vissiez pas comme je suis. J'ai quelque légère douleur encore aux genoux ; mais en vérité c'est si peu de chose, que je ne me plains point du tout.

« Trouvez-vous, ma bonne, que je ne vous parle pas de moi ? En voilà par dessus les yeux. »

557. De Mme de Sévigné a Mme de Grignan.

A Paris, vendredi 10e juillet 1676.

« Je laisse là ma lettre : je m'en vais faire un tour de ville, pour voir si je n'apprendrai rien qui vous puisse divertir. Mes mains sont toujours au même état : si j'en étois fort incommodée, je commencerois à faire tous les petits remèdes qu'on me propose ; mais je me sens un si grand fonds de patience pour supporter cette incommodité, que je vous attendrai pour me guérir de l'ennui qu'ils me donneront. »

559. Mme de Sévigné a Mme de Grignan.

A Paris, mercredi 22e juillet.

« Je viens d'écrire au chevalier qui s'inquiétoit de ma santé ! Je lui mande que je me porte très bien, hormis que je ne puis serrer la main ni danser la bourrée (voilà deux choses dont la privation m'est bien rude), mais que vous achèverez de me guérir. Il est vrai que j'ai encore un peu de mal aux genoux ; mais cela ne m'empêche point de marcher ! au contraire, je souffre quand je suis trop longtemps assise. Mes mains ne se ferment point tout à fait ! mais je m'en sers à toutes choses, comme si de rien n'étoit. J'aime l'état où je suis ; et toute ma crainte, c'est de rengraisser, et que vous ne me voyiez point le dos plat avec ma jolie taille. En un mot, ma bonne, quittez vos inquiétudes, et ne songez qu'à me venir voir.

« Pour les eaux de Vichy, ma chère fille, je m'en loue : *elles m'ont redonné de la force* (1), en

---

(1) J'ai tenu à souligner cette assertion de Madame de Sévigné. Trousseau avait abusé de son autorité pour proclamer les eaux de Vichy anémiantes. Je m'inscris en faux contre une telle doctrine. Ce n'est pas le lieu de la combattre, mais j'ai à opposer une observation personnelle. Très fatigué, j'ai retrouvé, après une première saison à Vichy, une tonicité dont j'ai pu apprécier le bénéfice au retour. Il est évident qu'il faut ici une grande prudence dans le maniement de ces eaux actives, et que des doses sans mesure ni règles deviendraient extrêmement dangereuses ; mais cette réserve faite, on peut hardiment infirmer l'assertion trop absolue du célèbre clinicien. Qui ne sait qu'il n'y a pas de maladies plus débilitantes que le rhumatisme, et l'on peut juger de l'assertion de Trousseau par cette réponse péremptoire de Madame de Sévigné, qui, ignorante de la médecine, apportait une assertion bien digne de fixer l'attention : « *elles m'ont redonné de la force* ».

me purgeant et en me faisant suer. Mon corps est bien ; ce qui me reste n'est pas considérable ; je ferai, quand vous serez ici, tous les remèdes que vous voudrez ; pour cet été, je n'en ai aucun besoin ; il faut que je songe à Livry, car je me trouve étouffée ici, j'ai besoin d'air et de marcher : vous me reconnaissez bien à ce discours. »

563. De Mme de Sévigné a Mme de Grignan.

A Paris, mercredi 29e juillet 1676.

« Contez à Monsieur l'Archevêque ce que m'a fait dire Monsieur le premier président pour ma santé. J'ai fait voir mes mains et quasi mes genoux à Langeron, afin qu'il vous en rende compte. J'ai d'une manière de pommade qui me guérira, à ce qu'on m'assure ; je n'aurai pas la cruauté de me plonger dans le sang d'un bœuf, que la canicule ne soit passée. C'est vous, ma fille, qui me guérirez de tous mes maux. »

565. De Mme de Sévigné a Mme de Grignan.

A Paris, mercredi 5e août 1676.

« Je veux commencer aujourd'hui par ma santé ; je me porte très bien, ma chère fille. J'ai vu le bonhomme de l'Orme à mon retour de Maisons ; il m'a grondé de n'avoir pas été à Bourbon, mais c'est une radoterie, car il avoue que pour boire Vichy est aussi bon ; mais, c'est pour suer, dit-il, et j'ai sué jusqu'à l'excès : ainsi je n'ai pas changé d'avis sur le choix que j'ai fait. Il ne veut point des eaux. L'automne, et voilà ce qui m'est bon. Il veut que je prenne de sa poudre au mois de septembre.... Il m'envoie promener, c'est-à-dire à Livry, de peur que l'habitude de faire de l'exercice dans cette saison ne me regonfle la rate, d'où viennent mes oppressions ; il sera donc obéi.

« Vous croyez, ma chère, que je suis gauche, et embarrassée de mes mains : point du tout ; il n'y paraît pas, cette légère incommodité n'est que pour moi, et ne paraît nullement aux autres. Aussi, ma fille, je ressemble comme deux gouttes d'eau à votre *bellissima*, hormis que j'ai la taille bien mieux faite. Vous êtes, en vérité, trop agréable et trop bonne d'être si occupée et si attentive à ma santé. Ne soyez point en peine de Livry : je m'y gouvernerai très sagement, et reviendrai avant les brouillards, pourvu que ce soit pour vous attendre. »

567. De Mme de Sévigné a Mme de Grignan.

Commencée à Paris, le 11e août 1676.

« Le vieux de l'Orme, Bourdelot et Veson me défendent Vichy pour cette année ; ils ne trouvent pas que cette dose de chaleur, si près l'une de l'autre, fût une bonne et prudente conduite. Pour l'année qui vient c'est une autre affaire, nous verrons ; mais quoi que dise notre d'Hacqueville, on n'oseroit entreprendre ce voyage contre l'avis des mêmes médecins qui m'y avoient si bien envoyée : je n'ai nulle opiniâtreté, et je me laisse conduire avec une docilité que je n'avois pas avant que d'avoir été malade. Vous me trouverez, ma fille, en état de vous donner de la joie ; ce qui me reste d'incommodité est si peu de chose que cela ne mérite ni votre attention ni votre inquiétude. »

A Livry.

« Vous voulez que je vous parle de ma santé, ma très chère enfant : elle est encore meilleure ici qu'à Paris ; ce petit étouffement est disparu à la vue de l'horizon de notre petite terrasse ; il n'y a point encore de serein ; quand je sens le moindre froid, je me retire. »

568. De Mme de Sévigné a Mme de Grignan.

A Livry, vendredi 14e août 1676.

« Ma chère enfant, je me porte fort bien ici, je suis plus persuadée de la grandeur du mal que j'ai eu, par la crainte que je me sens d'y retomber, et par ma conduite à l'égard du serein, que par nulle autre chose, car vous vous souvenez bien que les belles soirées et le clair de lune me donnoient un souverain plaisir. »

569. De Mme de Sévigné a Mme de Grignan.

A Livry, mercredi 19e août 1676.

« Pour ma santé, elle est très bonne ; il n'est plus question de rien ; je suis persuadée que le rhumatisme a tout fini. Je ne m'expose plus au serein ; ou je suis dans une chambre, ou je monte en carrosse pour gagner les hauteurs. Le clair de lune est une étrange tentation, mais je n'y succombe guère. Enfin, soyez en repos ; et pour mes mains et mes genoux, je consulterai la pommade, et prendrai de la poudre de mon bon homme après la canicule. En vérité je vous laisse le soin de me gouverner, et je crois que vous ferez mieux que tous les docteurs. »

571. De Mme de Sévigné a Mme de Grignan.

A Livry, mercredi 26e août 1676.

« Vous me trouverez fort différente de l'idée que vous avez de moi : ces genoux et ces mains qui vous font tant de pitié, seront peut-être guéris en ce temps-là, et présentement peut-être que vous ne vous en apercevriez pas. Enfin, mon air délicat seroit encore la *rustauderie* d'un autre, tant j'avois un grand fonds de cette belle qualité. Pour Vichy, je ne doute nullement que je n'y retourne cet été. Vesson dit qu'il voudroit que ce fût tout à l'heure ; de l'Orme dit que je m'en garde bien dans cette saison ; Bourdelot dit que j'y mourrois, et que j'ai donc oublié que je ne suis que feu, et que mon rhumatisme n'étoit venu que de chaleur. J'aime à les consulter pour me moquer d'eux : peut-on rien voir de plus plaisant que cette diversité ? Ils m'ôtent mon libre arbitre à force de me laisser dans l'indifférence : on a bien raison de dire qu'il y a des auteurs graves pour appuyer toutes les opinions probables; je prendrai leur avis selon qu'il me conviendra. J'ai présentement pour me gouverner mon beau médecin de Chelles : je vous assure qu'il en sait autant et plus que les autres. Vous allez bien médire de cette approbation; mais si vous saviez comme il m'a bien gouvernée depuis deux jours, et comme il a fait prospérer un commencement de maladie que je croyois avoir perdue, et qui me prenoit à Paris, vous l'aimeriez beaucoup. Enfin, je me porte très bien, je n'ai nul besoin d'être saignée : je prends ce qu'il m'ordonne, et je me purgerai ensuite de la poudre de mon bonhomme. Il dit que du bon tempérament que je suis, je ne serois pas quitte dans trois ans de ces retours. On vouloit me retenir à Paris; si je n'avois beaucoup marché, je ne m'en serois pas si bien trouvée. »

572. De Mme de Sévigné a Mme de Grignan.

A Livry, vendredi 28e août 1676.

« Voilà mon joli médecin qui me trouve en fort bonne santé, tout glorieux de ce que je lui ai obéi deux ou trois jours. Il fait un temps frais qui pourroit bien nous déterminer à prendre de la poudre de mon bonhomme, je vous le manderai mercredi.

573. De Mme de Sévigné a Mme de Grignan.

A Livry, mercredi 2e septembre 1676.

« J'ai pris de la poudre du bonhomme : ce grand remède, qui fait peur à tout le monde, est une bagatelle pour moi ; il me fait des merveilles ; j'avois auprès de moi mon joli médecin, qui me consoloit beaucoup ; il ne me dit pas une parole qu'en italien ; il me conte pendant toute l'opération mille choses divertissantes ; c'est lui qui me conseille de mettre mes mains dans la vendange, et puis une gorge de bœuf, et puis, s'il en est encore besoin, de la moelle de cerf, et de la reine de Hongrie. Enfin je suis résolue à ne point attendre l'hiver, et à me guérir pendant que la saison est encore belle. Vous voyez bien que je regarde ma santé comme une chose qui est à vous, puisque j'en prends un soin si particulier.

« .....Pour ma santé, ma chère enfant, elle est comme vous le pouvez souhaiter ; et quand Brancas dit que je n'y songe pas, c'est qu'il voudroit que j'eusse commencé dès le mois de juillet à mettre mes mains dans la vendange ; mais je m'en vais faire tous les remèdes que je vous ai dit, afin de prévenir l'hiver. »

De Mme de Sévigné a Mme de Grignan.

A Paris, chez la bonne d'Escars, vendredi 4e septembre 1676.

Je reçois un billet de d'Hacqueville, qui me croit à Livry ; mais je craindrois de me trop échauffer, je n'en n'ai nul besoin. Je m'en vais guérir paisiblement mes mains pendant ces vendanges ; je reçois ces marques de son amitié avec plaisir, mais je ne veux point lui obéir : j'ai bien des auteurs graves de mon parti ; et ce qui vaut mieux que tout, c'est que je me porte bien. »

575. De Mme de Sévigné a Mme de Grignan.

A Paris, mardi au soir 8e septembre 1676.

« La poudre du bonhomme m'a fait beaucoup de bien; je m'en vais prendre tous les matins, pendant quelques jours, une pilule, de l'avis de Veron et de Chelles, pour empêcher les sérosités qui s'amassèrent l'année passée sur mon pauvre corps : le remède est spécifique; et puis je mettrai mes mains en pleine vendange, et ne cesserai point les remèdes qu'elles ne soient guéries ou qu'elles ne disent qu'elles ne veulent pas. Je me porte très bien du reste, et mes petits voyages de Paris me font un plaisir plutôt qu'une fatigue. Je ne prends point le serein, et pour la lune, je ferme les yeux en passant devant, pour éviter la tentation *del demonio*. »

Mercredi matin.

« Je n'ai pas trop bien dormi, mais je me porte bien, et je m'en retourne seule dans ma forêt. »

De Mme de Sévigné a Mme de Grignan.

A Livry, mercredi 16e septembre 1676.

« A quoi pensez-vous, ma fille, d'être en peine de cette poudre du bonhomme que j'ai prise? Elle m'a fait des merveilles de tous les côtés, et quatre heures après je ne m'en sens pas. Ce remède terrible pour tout le monde est tellement apprivoisé avec moi, et nous avons fait si bien connaissance en Bretagne, que nous ne cessons de nous donner des marques d'amitié et de confiance, lui par des effets, et moi par des paroles; mais la reconnaissance est le fondement de tout ce beau procédé.

« ... Le Seigneur Amonio me fait prendre tous les matins une pilule très approuvée, avec un bouillon de bétoine : cela purge le cerveau avec une douceur très salutaire, c'est précisément ce qu'il me faut : j'en prendrai huit jours, et puis la vendange. Enfin, je ne pense qu'à ma santé, et c'est ce qui s'appelle présentement mettre du sucre sur du macaron. Ne soyez donc pas en peine de moi, ma très chère, et ne vous occupez que de me donner le grand et le dernier remède que vous m'avez promis, par votre très aimable présence.

« Amonio ne me chasse point encore d'ici ; il y fait trop beau, et je m'en vais y guérir mes mains. Je ne lui dis jamais un mot d'italien ! mais aussi il ne m'en dit pas un de françois : voilà ce que nous aimons. Il y a bien des intrigues à Chelles pour lui : je crois qu'il n'y fera pas vieux os, tout est révolté. Madame le soutient, les jeunes le haïssent, les vieilles l'approuvent, les confesseurs sont envieux, le visiteur le condamne sur sa physionomie : il y a bien des folies à dire sur tout cela.

« ... Ah ! que j'en veux aux médecins ! Quelle forfanterie que leur art ! On me contoit hier la comédie de ce *Malade imaginaire* que je n'ai point vue : il étoit donc dans l'obéissance exacte à ces Messieurs ; il comptoit tout : c'étoit seize gouttes de vin dans treize cuillerées d'eau, s'il y eut eu quatorze, tout étoit perdu. Il prend une pilule, on lui a dit de se promener dans sa chambre ; mais il est en peine, et demeure tout court, parce qu'il a oublié si c'est en long ou en large : cela me fit fort rire, et l'on applique cette folie à tout moment. »

578. DE Mme DE SÉVIGNÉ AU COMTE DE BUSSY-RABUTIN.

A Livry, le 18e septembre 1676.

« Je suis ici dans ce joli lieu que vous connaissez, et j'y suis bien mieux, ce me semble, et plus agréablement qu'à Paris, au moins pour quelque temps. J'y fais quelques remèdes pour rétablir cette belle santé, et je mets mes bras dans la vendange, espérant que mes mains, qui ne se ferment point encore, reprendront par là leurs fonctions ordinaires. »

581. DE Mme DE SÉVIGNÉ A Mme DE GRIGNAN.

A Livry, lundi 21e septembre 1676.

« Pour ma santé, elle est admirable ; je mets mes mains deux fois dans le jour dans le marc de la vendange ; cela m'entête un peu ; mais je crois, sur la parole de tout le monde, que je m'en trouverai bien. Si je suis trompée, Vichy reviendra sur le tapis ; en attendant, je fais tout ce qu'on veut, et me promène *en long et en large* avec une obéissance merveilleuse. »

582. De Mme de Sévigné a Mme de Grignan.

A Paris, vendredi 25e septembre, chez Mme de Coulanges.

« ..... En vérité c'est une terrible maladie ; mais ayant vu de quelle façon les médecins font saigner rudement une pauvre personne, et sachant que je n'ai point de veines je déclarai hier au premier président de la cour des aides, qui me vint voir, que si je meurs jamais, je le prierai de m'amener M. Langevin dès le commencement, j'y suis très résolue. Il n'y a qu'à voir ces Messieurs pour ne vouloir jamais les mettre en possession de son corps ! C'est de l'arrière-main qu'ils ont tué Beaujeu. J'ai pensé vingt fois à Molière depuis que j'ai vu tout ceci. Cependant j'espère que cette pauvre femme échappera malgré tous leurs mauvais traitements. »

585. De Mme de Sévigné a Mme de Grignan.

A Livry, mercredi 7e octobre 1676.

« Je vous écris un peu *à l'avance*, comme on dit en Provence, pour vous dire que je revins ici dimanche, afin d'achever le beau temps et de me reposer. Je m'y trouve très bien, et j'y fais une vie solitaire qui ne me déplait pas, quand c'est pour peu de temps. Je vais aussi faire quelques petits remèdes à mes mains, purement pour l'amour de vous, car je n'ai pas beaucoup de foi, et c'est toujours dans cette vue de vous plaire que je me conserve et que j'ai soin de moi, étant très persuadée que l'heure de ma mort ne se peut ni avancer ni reculer ; mais je suis les conduites ordinaires de la bonne petite prudence humaine, croyant même que c'est par elle qu'on arrive aux ordres de la Providence. Ainsi, ma fille, je ne négligerai rien, puisque je regarde tout comme une obéissance nécessaire. »

587. De Mme de Sévigné a Mme de Grignan.

A Livry, vendredi 9e octobre 1676.

« Je fais ici un certain tripotage à mes mains avec de la moelle de cerf et de l'eau de la reine de Hongrie, qui me fera, dit-on, des merveilles. Ce qui m'en fait beaucoup, c'est le temps miraculeux qu'il fait ; ce sont de ces beaux jours de cristal de l'automne, qui ne sont plus chauds, qui ne sont point froids : enfin j'en suis charmée, je m'y tiens depuis dix heures du matin jusqu'à cinq heures du soir : je n'en perds pas un moment, et à cinq heures du soir, avec une obéissance admirable, je me retire ; mais ce n'est pas sans m'humilier, reconnaissant avec beaucoup de déplaisir que je suis une misérable mortelle, qu'une sotte timidité me fait rompre avec l'aimable serein, le plus ancien de mes amis, que j'accuse injustement de tous les maux que j'ai eus. Je me jette dans l'église et je ferme les yeux, jusqu'à ce qu'on me vienne dire qu'il y a des flambeaux dans ma chambre ; car il me faut une obscurité entière dans l'entre chien et loup, comme les bois, ou une église, ou que l'on soit trois ou quatre à causer ; enfin je me gouverne selon vos intentions. »

590. De Mme de Sévigné a Mme de Grignan.

A Paris, mercredi 21e octobre 1676.

« Quand je songe qu'au bout de dix mois j'ai encore les mains enflées, cela me fait rire ; car pour du mal, je n'en ai plus. »

595. De Mme de Sévigné a Mme de Grignan.

A Livry, jeudi 5e novembre 1676.

« Je n'aime point votre petit torticolis : c'est toujours une douleur sensible et importune, quoique en petit volume. L'année passée, vous en aviez un aussi, et en vous faisant réponse à cette lettre, je fus accablé du mien, et dès ce jour vous perdîtes de vue ma pauvre écriture. L'eau de la reine de Hongrie me fit beaucoup de mal ; je vous en avertis. »

609. De Mme de Sévigné au comte de Bussy-Rabutin.

A Paris, ce 19e mai 1677.

« Pour moi, je me porte assez bien, et ce n'est aussi que pour conduire la belle Madelonne que je m'en vais à Vichy. La joie que j'aurai d'être avec elle me fera plus de bien que les eaux. »

613. De Mme de Sévigné a Mme de Grignan.

A Paris, lundi 14e juin 1677.

« Vous croyez que je suis malade : je me porte bien ; vous regrettez Vichy : je n'en ai nul besoin, que par une précaution qui peut fort bien se retarder ; ainsi de mille autres choses. »

617. De Mme de Sévigné a Mme de Grignan.

A Paris, mercredi 23e juin 1677.

« Vos instructions du Mont-d'Or sont un peu extrêmes : à moins que d'être paralytique, on ne hasarde pas au bain de cette horrible chaleur ; et pour guérir des maux qui ne sont de nulle conséquence, on gâteroit toute une santé, et une machine qui se porte parfaitement bien. »

622. De Mme de Sévigné a Mme de Grignan.

A Livry, samedi 3e juillet 1677.

« Je ne laisserai pas d'aller à Vichy. Nous en parlerons. Ce voyage sera de pure précaution ; car je me porte fort bien et ne fais nulle attention sur mes mains. Mme de Marbeuf les a eues deux ans comme je les ai, et puis elles se sont guéries. »

628. De Mme de Sévigné a Mme de Grignan.

A Livry, vendredi 23e juillet 1677.

« Je partirai le 16e du mois d'août pour la Bourgogne et pour Vichy. Ne soyez en nulle peine de ma conduite aux eaux. Dieu ne veut pas que j'y sois avec vous, il ne faut penser qu'à se soumettre à ce qu'il ordonne. Je tâche de me consoler, dans la pensée que vous dormez, que vous mangez, que vous êtes en repos, que vous n'êtes plus dévorée de mille *dragons*, que votre joli visage reprend son agréable figure, que votre gorge n'est plus comme celle d'une personne étique. »

631. De Mme de Sévigné a Mme de Grignan.

A Paris, vendredi 30e juillet 1677.

« Si je me croyois, je ne prendrois non plus des eaux de Vichy, que vous du lait; mais comme je sais que ce remède vous paraît nécessaire, et que de plus je suis assurée qu'il ne me fera point de mal, comme le lait vous en a fait, j'irai assurément, et mon jour est si bien marqué, que ce seroit signe de grand malheur si je ne partois pas. J'espère que la Providence ne voudra pas se moquer de moi pour cette fois. »

638. De Mme de Sévigné a Mme de Grignan.

A Villeneuve-le-Roi, mercredi 18e août 1677.

« Eh bien! ma fille, êtes-vous contente? Me voilà en chemin, comme vous voyez.

« Je reprends donc mon voyage, ma fille, où je marche sur vos pas. J'ai eu le cœur un peu embarrassé à Villeneuve-Saint-Georges, en revoyant ce lieu où nous pleurâmes de si bon cœur au lieu de rire. L'hôtesse me paroît une personne de fort bonne conversation ; je lui demandai fort comme vous étiez la dernière fois ; elle me dit que vous étiez triste, que vous étiez maigre et que M. de Grignan tâchoit de vous donner du courage et de vous faire manger : voilà comme j'ai cru que cela étoit. Elle me dit qu'elle entroit bien dans vos sentiments ; qu'elle avoit aussi mené sa fille loin d'elle et que le jour de leur séparation, elles *demeurèrent* toutes deux pâmées. »

640. De Mme de Sévigné a Mme de Grignan.

A Epoisse, samedi 21e août 1677.

« Nous arrivâmes ici hier au soir à deux heures de nuit. Nous pensâmes verser mille fois dans des ravins, que nous eussions fort aisément pu éviter, si nous eussions eu seulement une petite bougie dans un petit bougeoir ; mais c'est une belle chose que de ne voir ni ciel ni terre. Enfin nous envoyâmes ici au secours, ici où nous arrivâmes comme le maître du logis alloit se mettre au lit. Vous savez qu'on ne demeure jamais, et ce qui vous surprendra, c'est que je n'avois point de peur ; ce fut la bonne tête de l'abbé qui vouloit faire ces quatorze lieues d'Auxerre ici qui ne se font pas ordinairement en un jour. J'étois levée à trois heures, de sorte que je me suis reposée avec grand plaisir dans cette belle maison. »

BIBLIOTHÈQUE NATIONALE R.F. IMPRIMÉS

643. De Mme de Sévigné a Mme de Grignan.

A Epoisse, jeudi 26e août 1677.

« Je suis en parfaite santé ; ne me dites point que vous n'avez pas sur moi un pouvoir despotique, et que le serein vous résiste ; il est vrai que c'est mon ancien ami, et que j'ai peine à rompre tout à fait avec lui. Mais pour le voyage de Vichy, par exemple, il est entièrement despotique, et si ce n'étoit que vous croyez que ces eaux me sont salutaires, et que votre amitié vous fait voir dans l'avenir ce que ma santé présente m'empêche d'y voir, je vous assure, ma très chère, que je n'irois point du tout ; mais je fais ce voyage agréablement, dans la pensée de rassurer votre imagination pour jamais ; et cette seule raison est meilleure que mille autres que l'on y puisse mêler. »

647. De Mme de Sévigné a Mme de Grignan.

A Vichy, samedi au soir 4e septembre 1677.

« Je me porte très bien ; je ne sais que souhaiter de mieux, sinon de clouer ce bienheureux état. »

648. De Mme de Sévigné a Mme de Grignan.

A Vichy, lundi 6e septembre 1677.

« Adieu, ma chère enfant ; ayez soin de votre santé ; la mienne est admirable. Les eaux me font très bien. Vincent me gouverne tout comme

M. de Champlâtreux ; tout est réglé, tout dîne à midi, tout soupe à sept, tout dort à dix, tout boit à six. »

649. De Mme de Sévigné a Mme de Grignan.

A Vichy, lundi 13e septembre 1677.

« Adieu, ma bonne, embrassez-moi, je vous en prie, et me dites comme vous vous portez. Nous sommes ici dans une jolie société ; le temps est admirable, le pays délicieux, on y fait la meilleure chère du monde. Il y a deux ou trois jésuites qui font les entendus : que j'aurois du plaisir à les voir étrangler par Corbinelli. »

651. De Mme de Sévigné a Mme de Grignan.

A Vichy, jeudi à quatre heures du soir, 16e septembre 1677.

« Je commence la douche aujourd'hui ; je crois qu'elle me sera moins rude que l'année passée ; car j'ai devant et après moi Jussac, Termes, Flamarens, chacun sa demi-heure : cela fait une société de misérables qui ne le sont pas trop. Je vous en manderai des nouvelles ; ils ont déjà commencé, et trouvent que c'est la plus jolie chose du monde. »

652. De Mme de Sévigné a Mme de Grignan.

A Vichy, dimanche 19e septembre 1677.

« Il me semble, ma chère enfant, que je vous écrivis une sotte lettre la dernière fois. J'étois mal à mon aise, j'écrivois mal, je me plaignois de la douche : il n'en faut pas davantage pour vous donner de l'inquiétude. Je vous assure aujourd'hui que je me porte fort bien; je me suis baignée à la Sénèque (1) ; j'ai sué fort gracieusement, et peut-être même que je prendrai encore une douche ou deux avant que de partir, pour finir toute contestation. Deux jours de repos me donneront de la force de reste. Il me sembla l'autre jour, dans la chaleur du combat, que je fermois les mains ; je coupe du pain, et enfin je me porte très bien : le temps me donnera pour mes mains, ce que Vichy me refusera; je n'en ai aucune inquiétude. Je quitte le chevalier et Vichy vendredi. »

653. De Mme de Sévigné a Mme de Grignan.

A Vichy, mardi 21e septembre 1677.

« Je me porte à merveille, hors que je n'ai pu souffrir la douche ; c'est que je n'en avois nul besoin cette année, et qu'elle prenoit trop sur moi. Je finis demain mes eaux ; je me purge jeudi, vendredi à Langlar. Adieu, ma très chère enfant ; j'embrasse les Grignans, grands et petits. »

---

(1) Allusion, sans doute, soit à l'étuve où Sénèque se fit porter pour mourir et où il fut étouffé par la vapeur, soit à ces bains dont il parle assez longuement dans son épitre LXXXVI.

654. De Mme de Sévigné a Mme de Grignan.

A Vichy, mercredi au soir 22e septembre 1677.

« Ma très chère, au nom de Dieu, rapportez-moi votre bonne santé et votre joli visage ; car je ne puis m'en passer, ni vous permettre d'être changée à l'âge où vous êtes. N'espérez donc point que je sois traitable sur cette maigreur, qui marque visiblement votre mauvaise santé ; la mienne est admirable. Je finis demain toutes mes affaires, je prends ma dernière médecine. J'ai bu seize jours ; je n'ai pris que deux douches et deux bains chauds ; je n'ai pu soutenir la douche ; j'en suis fâchée car j'aime à suer, mais j'en étois trop échauffée et trop étourdie : en un mot, c'est que je n'en ai plus besoin, et la boisson m'a suffi et fait des merveilles... Pour mes mains, ma fille, elles sont mieux, et cette incommodité est si petite, que le temps est le seul remède que je veuille souffrir. »

655. De Mme de Sévigné a Mme de Grignan.

A Langlar, vendredi 1er octobre 1677.

« Les eaux m'ont fait des merveilles ; pour la douche, je n'ai pu la soutenir, ce sera pour une autre fois ; j'ai eu peur de la fièvre ; il ne faut pas se jouer avec ce remède. Adieu mon aimable enfant ! tous nos commensaux sont fort contents, et me prient de vous assurer de leurs profonds respects. »

658. De Mme de Sévigné a Mme de Grignan.

A Gien, vendredi 24e octobre 1677.

« Je veux vous dire un mot de ma santé : elle est parfaite ; les eaux m'ont fait des merveilles, et je trouve que vous vous êtes fait un *dragon* de cette douche : si j'avais pu le prévoir, je me serois bien gardée de vous en parler ; je n'eus aucun mal de tête ; je me trouvai un peu de chaleur à la gorge ; et comme je ne suai pas beaucoup la première fois, je me tins pour dit que je n'avois pas besoin de transpirer comme l'année passée : aussi je me suis contentée de boire à longs traits, dont je me porte à merveille: il n'y a rien de si bon que les eaux. »

659. De Mme de Sévigné a Mme de Grignan.

A Aubry, lundi 4e octobre 1677.

« Je me porte très bien, je suis fort contente des eaux ; elles sont faites pour moi. Je n'avois plus besoin de la douche ; comme je n'avois plus de sérosités, elle m'eût échauffée ; ce fut donc par sagesse et par raisonnement que je la quittai, sans aucun mal de tête, ni incommodité qui se puisse nommer. Je suis au désespoir de l'inquiétude que vous en avez eue ; le chevalier vous dira si je mens. Au nom de Dieu, ne recommençons point à nous faire mille cruautés ; portez-vous aussi bien que moi, et je vous promets de n'être point en peine. »

660. De Mme de Sévigné a Mme de Grignan.

A Paris, jeudi 7e octobre.

« Je voudrois pouvoir retrancher de ce trésor qui m'est si cher toute l'inquiétude que vous avez pour ma santé ; demandez à tous ces hommes comme je suis belle ; il ne me falloit pas de douche ; la nature parle : elle en vouloit l'an passé, elle en avoit besoin ; elle n'en vouloit point celle-ci; j'ai obéi à sa voix. Pour les eaux, ma chère enfant, si vous êtes cause de mon voyage, j'ai bien des remerciements à vous faire, car je m'en porte parfaitement bien. »

670. De Mme de Sévigné au comte et a la comtesse de Guillaut.

Paris, lundi 15e novembre 1677.

« Comment vous portez-vous, Monsieur et Madame, de votre voyage ? Vous avez eu un assez beau temps ; pour moi, j'ai eu une colique néphrétique et bilieuse (rien que cela), qui m'a duré depuis le mardi, lendemain de votre départ, jusqu'à vendredi. Ces jours sont longs à passer, et si je voulois vous dire que depuis que vous êtes partis, les jours m'ont duré des siècles, il y auroit un air assez poétique dans cette exagération, et ce seroit pourtant une vérité. Je fus saignée le mercredi à six heures du soir, et parce que je suis très difficile, on m'en tira quatre palettes, afin de n'y pas revenir une seconde fois ; enfin à force de remèdes, de ce qu'on appelle *remèdes,* dont on compteroit aussitôt le nombre que celui des sables de la mer, je me suis trouvée guérie le vendredi ; le samedi on me purge, afin de ne manquer à rien ; le dimanche je vais à la messe, avec une pâleur honnête, qui faisoit voir à mes amis que j'avois été digne de leurs soins ; et aujourd'hui je garde ma chambre et fais l'entendue dans mon hôtel Carnavallet, que vous ne reconnoîtriez pas depuis qu'il est rangé. »

720. De Mme de Sévigné au comte de Bussy-Rabutin et a Mme de Coligny.

A Paris, ce 27e juin 1679.

« Je dis toujours que si je pouvois avoir seulement deux cents ans, je deviendrois la plus admirable personne du monde. Je me corrige assez aisément, et je trouve qu'en vieillissant même j'y ai plus de facilité. Je sais qu'on pardonne mille choses aux charmes de la jeunesse qu'on ne pardonne point quand ils sont passés. On y regarde de plus près ; on n'excuse plus rien ; on a perdu les dispositions favorables de prendre tout en bonne part ; enfin il n'est plus permis d'avoir tort ; et dans cette pensée l'amour-propre nous fait courir à ce qui nous peut soutenir contre cette cruelle décadence, qui malgré nous gagne tous les jours quelque terrain.

« Voilà les réflexions qui me font croire que dans l'âge où je suis, on se doit moins négliger que dans la fleur de l'âge. Mais la vie est trop courte, et la mort nous prend que nous sommes encore tout pleins de nos misères et de nos bonnes intentions. »

738. De Mme de Sévigné a Mme de Grignan.

A Livry, mercredi 4e octobre 1679.

« Ma chère enfant, ne prenez pas garde à la longueur de cette lettre : je cause avec vous, et n'ai que cela à faire, je vous demande la grâce de ne vous point tuer pour moi, et que je n'aie point la douleur de contribuer à détruire une vie pour laquelle je donnerois la mienne. Je me suis purgée; je prends présentement de cette eau; j'observerai ce régime à toutes les fins de lune: Mme de Lavardin m'a dit des merveilles de cette eau; en effet, je m'en trouve fort bien, sans préjudice de l'eau de lin. »

741. De Mme de Sévigné a Mme de Grignan.

A Livry, mercredi 11e octobre 1679.

« Et vous parlez de ma santé: c'est bien dit, de ma santé, car je me porte très bien, je vous l'ai déjà dit vingt fois; vous vous occupez de ma santé, et moi, je m'inquiète avec raison de votre maladie. Guisoni veut que je me fasse saigner, parce que la saignée lui fait du bien : le médecin Anglois dit qu'elle est contraire au rhumatisme, et que si j'ôte mon sang, qui consume les sérosités, je me retrouverai comme il y a quatre ans: lequel croirai-je? Voici le milieu : je me purgerai à la fin de toutes les lunes, ainsi que j'ai fait depuis deux mois, je prendrai de cette eau et de l'eau de lin : c'est là tout ce qu'il me faut ; et ce qui me seroit encore meilleur, ce seroit votre santé. Voilà bien des discours, ma très belle, sur un sujet qui n'aura pas manqué de vous ennuyer ; mais vous ne sauriez m'empêcher d'être uniquement occupée de l'état où vous êtes. »

744. De Mme de Sévigné a Mme de Grignan.

A Paris, vendredi 20e octobre 1679.

« Je me purgerai lundi pour l'amour de vous ; il est vrai que le mois passé je ne pris qu'une pilule ; j'admire que vous l'ayez senti ; je vous avertis que je n'ai aucun besoin de me purger ; c'est à cause de cette eau, et pour vous ôter de peine. »

749. De Mme de Sévigné a Mme de Grignan.

A Livry, mercredi jour de la Toussaint.

« Je parlerai à M. Du Chesne de votre petit médecin, et nous lui ferons tuer quelques malades dans notre quartier, pour voir un peu comme il s'y prend : ce seroit dommage qu'il n'usât pas du privilège qu'il a de tuer impunément. Ce n'est pas que la saison ne soit contraire aux médecins. Le remède de l'Anglois, qui sera bientôt publié, le rend fort méprisable, avec leurs saignées et leurs médecines. »

754. De Mme de Sévigné a Mme de Grignan.

A Paris, le 22e novembre 1679.

« Je vous prie de ne pas perdre cette eau des capucins que votre cuisinier vous a portée; c'est une merveille pour toutes les douleurs du corps, les coups à la tête, les contusions et même les entamures, quand on a le courage d'en soutenir la douleur. Ces pauvres gens sont partis pour s'en retourner en Égypte. Les médecins sont cruels et ont ôté au public des gens admirables et désintéressés, qui faisoient en vérité des guérisons prodigieuses. Je leur dis adieu à Pomponne. Faites serrer cette petite fiole, il y a des occasions où on en donneroit bien de l'argent. »

755. De Mme de Sévigné a Mme de Grignan.

A Paris, vendredi 24e novembre 1679.

« Mon Dieu ! ma très chère, l'aimable lettre que je viens de recevoir de vous ! quelle lecture ! et quel plaisir de vous entendre discourir sur tous les chapitres que vous traitez ! Celui de la médecine me ravit ; je suis persuadée qu'avec cette intelligence et cette facilité d'apprendre que Dieu vous a donnée, vous en saurez plus que les médecins : il vous manquera quelque expérience, et vous ne tuerez pas impunément comme eux ; mais je me fierois bien plus à vous qu'à eux pour juger d'une maladie. Il est vrai que ce n'est que de la santé dont il est question en ce monde : « Comment vous portez-vous ? comment vous portez-vous ? » Et l'on ignore entièrement ce qui touche cette science qui nous est si nécessaire ; apprenez, apprenez ma fille, faites votre cours : il ne vous faudra d'autre licence que de mettre une robe, comme dans la comédie. Mais pourquoi nous voulez-vous envoyer votre joli médecin. Je vous assure que les médecins sont fort décriés et fort méprisés ici ; hormis les trois ou quatre que vous connaissez, et qui conseillent l'Anglois, les autres sont en horreur. »

756. De Mme de Sévigné a Mme de Grignan.

A Paris, ce 29e novembre 1679.

« Elles (vos lettres) me sont extrêmement nécessaires ; vous ne devez pas être si curieuse des miennes, car je vous assure que ma santé est parfaite. Je me vais purger bientôt, pour prendre cette petite eau par contenance, et pour l'amour de vous. »

757. De Mme de Sévigné a Mme de Grignan.

A Paris, vendredi 1er décembre 1679.

« Brancas me vint prendre hier au soir pour souper chez Mme de Coulanges ; son souper est petit, et la compagnie bonne, quand on est quatre : je me laisserai quelquefois débaucher par Brancas, n'ayant point de bonne raison, non point que cette femme de Mme de Guitant. Je prends de cette eau présentement ; j'ai pris des pilules, à cause du froid. »

764. DE Mme DE SÉVIGNÉ A Mme DE GRIGNAN.

A Paris, lundi 25e décembre 1679.

« Que n'avez-vous un peu de ma grande santé? Je ne vous en dis rien, parce qu'elle va toute seule. »

766. DE Mme DE SÉVIGNÉ A Mme DE GRIGNAN.

A Paris, vendredi 29e décembre 1679.

« Je pris hier une médecine par l'ordre du bon du Chesne ; elle m'a fait comme celle du Bourbonnais ; je prendrai demain la petite eau de cerises, et le tout pour vous plaire : faites aussi quelque chose pour moi. »

DE Mme DE SÉVIGNÉ A Mme DE GRIGNAN.

A Paris, mercredi 10e janvier 1680.

« Mme de Schomberg vous prie, si vous voulez à toute force prendre du café, d'y mettre du miel de Narbonne au lieu de sucre : cela console la poitrine, et c'est avec cette modification qu'on le laisse prendre à M. de Schomberg, dont la santé est extrêmement mauvaise depuis six ou sept mois. La mienne est parfaite ; je vous ai mandé comme je m'étois purgée à merveilles, et puis de cette eau de cerises. Pour mes mains, je crois qu'elles sont guéries, je n'y pense pas. »

782. De Mme de Sévigné a Mme de Grignan.

A Paris, vendredi 16e février 1680.

« Vous me parlez de ma santé ; elle est parfaite : je n'ai point passé de décours sans prendre au moins deux pilules avec la petite eau, je me suis accoutumée à prendre tous les matins un verre ou deux d'eau de lin ; avec ce remède, je n'aurai jamais de néphrétique ; c'est à cette eau merveilleuse que la France doit la conservation de M. Colbert. »

791. De Mme de Sévigné a Mme de Grignan.

A Paris, mercredi 20e mars 1680.

« Adieu, rien ne me peut distraire de penser à vous ; j'y rapporte toutes choses, et si vous aviez autant d'amitié pour moi, vous seriez encore plus attentive à votre santé que vous ne l'êtes. La mienne est très bonne ; du Chesne me dit d'aller toujours dans le carême jusqu'à l'ombre de la moindre incommodité. Il croit que l'eau de lin tous les matins, du thé l'après-dînée, et du régime dans le choix des viandes, me conduiront jusqu'au bout. A tout hasard, j'ai une permission, dont je me servirai sans aucun scrupule, n'en soyez point en peine : fiez-vous à moi. »

796. De Mme de Sévigné a Mme de Grignan.

A Paris, vendredi 5e avril 1680.

« Je serois du vôtre pour rompre le carême,

si je n'étois persuadée avec du Chesne que l'usage que je fais de l'eau de cerises tous les matins m'a entièrement guérie de cette légère disposition que j'avois à la néphrétique. C'est un remède infaillible pour un mal aussi invétéré que le mien, et plût à Dieu que vous eussiez autant de soin de vous gouverner pour l'amour de moi, que j'ai eu d'attention à me guérir pour l'amour de vous. »

800. De Mme de Sévigné a Mme de Grignan.

A Paris, mercredi 17e avril 1680.

« Je vous ai toujours dit vrai quand je vous ai dit que je me portois bien ; je vais me purger à la fin de cette lune, avant que de partir ; j'avois même quelque dessein de mettre une saignée dans ma valise ; mais du Chesne et Mme de la Troche ne me l'ont pas conseillé. Ne soyez point en peine de moi, ma très chère : je m'en vais, afin de revenir et d'avoir été. »

801. De Mme de Sévigné a Mme de Grignan.

A Paris, vendredi-saint 19e avril 1680.

« Pour moi, je vous ai dit la vérité quand je vous ai assurée que je n'avois eu aucun ressentiment de néphrétique, je crois en être quitte pour jamais : c'est ce qui fait que j'honore les remèdes qu'on appelle usuels. M. le procureur général me détermina à cette eau de lin : son père est mort de la gravelle ; il en a une telle peur, qu'il s'est dévoué à cette eau ; il en boit en tout temps, et croit être en sûreté : comme le mien n'est pas mort de ce mal, je me contente d'en boire tous les matins. »

807. De Mme de Sévigné a Mme de Grignan.

A Blois, jeudi 9e mars 1680.

« Mon fils est parti cette nuit d'Orléans par la diligence, qui part tous les jours à trois heures du matin, et arrive le soir à Paris ; cela fait un peu de chagrin à la poste. Voilà les nouvelles de la route, en attendant celles de Danemark. Nous sommes montés dans le bateau à six heures par le plus beau temps du monde ; j'y ai fait mettre le corps de mon grand carrosse, d'une manière que le soleil n'a point entrée dedans ; nous avons baissé les glaces, l'ouverture du devant fait un effet merveilleux, celle des portières et des petits côtés nous donne tous les points de vue qu'on peut imaginer. Nous ne sommes que l'abbé et moi dans ce joli cabinet, sur les coussins, bien à l'air, bien à notre aise ; tout le reste comme des cochons sur la paille. Nous avons mangé du potage et du bouilli tout chaud ; on a un petit fourneau, on mange sur un ais dans le carrosse, comme le Roi et la Reine; voyez, je vous prie, comme tout s'est raffiné sur la Loire, et comme nous étions grossiers autrefois que *le cœur était à gauche :* en vérité, le mien, ma fille, ou droit ou à gauche, est tout plein de vous. »

810. De Mme de Sévigné a Mme de Grignan.

A Nantes, vendredi 17e mai 1680.

« Ma santé me fait honte, et il y a quelque chose de sot à se porter aussi bien que je fais ! ma santé est encore au delà de la médiocrité de mon esprit. Je trouve quelquefois que je mériterois au moins quelque légère incommodité ; je voudrois, pour votre soulagement et pour mon honneur, avoir quelques-unes des vôtres ; quand je pense à tant de maux, je vous assure, ma chère enfant, que je suis étonnée que la bonté de mon tempérament puisse soulever l'inquiétude que j'en ai. »

848. De Mme de Sévigné a Mme de Grignan.

Aux Rochers, ce dimanche 22e septembre 1680.

« Je voudrois bien pouvoir user de cette recette ; je vous assure que ce ne seroit point pour guérir mes mains ; je crois qu'elles le sont ; et si elles ne l'étoient point, je m'en aperçois si peu, que c'est de ce mal qu'il faudroit dire que cela ne vaut pas la peine d'en parler. Belle comparaison ma fille, de vos maux avec les miens. »

855. De Mme de Sévigné a Mme de Grignan.

Aux Rochers, ce dimanche 1er septembre 1680.

« Vous me dites de me purger ; ah ! ma belle, il n'y a que deux jours que je pris une sotte bête de médecine, dont je commence à me remettre, car elle avait ému une parfaite santé ; je prends de cette eau de cerise, et plût à Dieu que l'on pût faire un commerce de santé ! je vous donnerois beaucoup de la mienne sans m'incommoder. Bonjour, ma très parfaitement chère : je suis toute occupée de vous, de votre amitié, de votre santé. »

862. De Mme de Sévigné a Mme de Grignan.

Aux Rochers, mercredi 16e octobre 1680.

« Vous parlez encore de cette médecine ; il faut que vous ayez une extrême nécessité d'un rabat-joie, pour en avoir fait un de ce mot, que je n'avois mis que pour vous dire qu'un remède si doux et si sage ne valoit pas la peine de s'y mettre ; car j'aime l'émotion du polycreste (1), et on l'avoit supprimé à cause du chaud. Enfin, ma belle, je me porte à merveilles et me trouve très bien de mon eau de lin. »

911. De Mme de Sévigné au comte de Guitaut.

A Paris, ce 9e avril 1683.

« Il y a douze jours que je suis enrhumée d'une manière à faire peur, car j'avois une poitrine bridée et douloureuse, et une petite fièvre avec cela compose tout aussitôt une maladie mortelle. Je voulus pour obvier, passer un peu par les mains de notre beau Passerat ; il me fit une saignée admirable, après avoir examiné près d'une heure avec quel soin la Providence cache

(1) Polychreste, sel polychreste, espèce de sel purgatif.

mes veines aux yeux des plus habiles chirurgiens. Il fut ravi quand il eut répandu mon sang, et me demanda de vos nouvelles avec une affection pleine, ce me sembloit, de beaucoup de reconnaissance. Ce coup de lancette m'a guérie. »

926. De Mme de Sévigné au comte de Bussy-Rabutin.

Ce dimanche au soir, 15e mars 1684.

« Aurois-je été bien saignée ce matin ? Il me semble que j'ai senti quelque légère faiblesse. Vous verrez que c'est cela ; comme je me porte bien présentement, je veux croire que vous êtes de même. Aussi je vous attendrai mardi paisiblement avec ma nièce pour examiner à fond notre beurre de Bretagne. »

931. De Mme de Sévigné a Mme de Grignan.

A Etampes, mercredi 13e septembre 1684.

« Vous croyez bien, ma chère belle, que malgré tous vos excellents conseils, je me suis trouvée, en vous quittant, au milieu de mille épées, dont on se blesse, quelque soin qu'on prenne de les éviter. Je n'osois penser, je n'osois prononcer une seule parole, je trouvois partout une sensibilité si vive, que mon état n'étoit pas soutenable, j'ai vécu de régime selon vos avis : enfin je fais tout du mieux que je puis ; je me porte très bien, j'ai dormi, j'ai mangé, j'ai vaqué au *bien Bon,* et me voilà. »

940. De Mme de Sévigné a Mme de Grignan.

Aux Rochers, dimanche 5e novembre 1684.

« Pour votre côté j'ai envie de vous envoyer ce que j'ai de baume tranquille, par notre abbé Charrier; il craint de le casser, c'est ce qui nous embarrasse, car, pour moi, ma bonne, je ne l'ai pris que pour vous, et si M. de Chaulnes ou M. de Caumartin ou Mme de Pomponne vouloient vous en donner, les capucins le vendroient cet été, aux états, aux deux premiers, au double, et je le rendrois à Mme de Pomponne. J'en ai très peu, le baume est souverain, mais ce n'est pas pour un rhumatisme ; il en faudroit des quantités infinies : c'est pour en mettre huit gouttes sur une assiette chaude, et le faire entrer dans l'endroit de votre côté où vous avez mal et le frotter doucement, jusqu'à ce qu'il soit pénétré à loisir, et puis un linge chaud dessus; ils en ont vu des miracles ; ils y souffrent autant de gouttes d'essence d'urine mêlées. »

945. De Mme de Sévigné a Mme de Grignan.

Aux Rochers, vendredi 15e décembre 1684.

« Je vous envoie aussi ce que j'ai de plus précieux, qui est ma demi-bouteille de baume tranquille (1), je ne pus jamais l'avoir entière ; les capucins n'en ont plus ; c'est avec ce baume

(1) Baume inventé par un ex-capucin du Louvre, Aignan, en religion Frère Tranquille.

qu'ils ont tiré la *petite personne* des douleurs de la néphrétique. Ils vous prient de vous en frotter le côté, c'est-à-dire dix ou douze gouttes avec autant d'esprit d'urine : il faut que cela soit chaud, et qu'il pénètre et s'insinue dans le mal ; ils prétendent que cela est divin comme le grand mal de gorge. »

949. De Mme de Sévigné a Mme de Grignan.

Aux Rochers, dimanche 28e janvier 1685.

« Mon fils vous dira le bon état où je suis : il est vrai qu'une petite plaie que nous croyions fermée, a fait mine de se révolter ; mais ce n'étoit que pour avoir l'honneur d'être guérie par la poudre de sympathie (1) ; vous pouvez donc compter sur une véritable guérison ; je me suis fort bien gouvernée : quand j'ai marché, c'étoit pour être mieux ; quand il n'y a ni feu ni enflure, il ne faut pas se laisser suffoquer la jambe en l'air dans une chaise. Je songe à ma santé préférablement à tout ; c'est ce qui m'a fait éviter les mauvaises nuits et quitter ce qui m'auroit peut-être guérie en me rendant malade. Je

---

(1) « La *poudre de sympathie* n'était autre que de la couperose verte, ou *sulfate de fer*, desséchée au soleil, pulvérisée et mélangée de gomme arabique. On ne l'appliquait pas sur le mal, on la répandait seulement sur un linge trempé dans le sang de la plaie ; à peine cette opération était-elle faite, que le malade, même absent, éprouvait, à ce qu'on assurait, un grand soulagement ; ses douleurs se calmaient, et la plaie se fermait en peu de temps.

me suis conduite selon que je me sentois bien ou mal ; le baume tranquille ne me faisoit plus rien, c'est ce qui m'a fait courir avec transport à votre poudre de sympathie, qui est un remède tout divin ; ma plaie a changé de figure, elle est quasi sèche et guérie. Enfin, si avec le secours de cette poudre que Dieu m'a envoyée par vous, je puis une fois marcher à ma fantaisie, je ne serai plus digne que vous ayez le moindre soin de ma santé ; mais après en avoir parlé un an, disons un mot de la vôtre. »

950. DE Mme DE SÉVIGNÉ A Mme DE GRIGNAN.

Aux Rochers, lundi 29e janvier 1685.

« Je vous dirai demain le bon état où sera ma jambe, et j'espère qu'après demain, mon fils vous apprendra ma guérison ; j'en suis si persuadée que sans votre scrupuleuse exactitude, voyant que tout ne va que deux jours plus tôt ou deux jours plus tard, nous aurions chanté victoire dans nos lettres. Ma jambe est comme l'autre : plus de rougeur, plus de fluxion, plus de douleurs ; n'est-ce pas une cruauté de nous faire languir après une chose qui nous est assurée. »

Mardi 30e.

« Notre huile n'a pas beaucoup avancé depuis vingt-quatre heures : il ne faut point que votre poudre s'en offense, il n'est point question qu'elle guérisse si promptement, pourvu qu'elle guérisse. »

Mardi 31e janvier, à huit heures du soir.

« Mon fils vous a écrit de son côté et je pense que, sans nous être consultés, nous vous manderons les mêmes choses, car nous écrivons sur la vérité. Ma plaie est plus prêt de guérir qu'hier ; et si vous pouviez me pardonner cette rebellion à la poudre de sympathie, et que vous vouliez bien nous accorder quinze jours au lieu de quatre, la poudre aura son effet ordinaire. L'autre jambe est toute guérie ; cela est fini, tout va bien : ayez l'esprit en repos ; passez-nous seulement votre lenteur. »

951. DE Mme DE SÉVIGNÉ A Mme DE GRIGNAN.

Aux Rochers, dimanche matin, 4e février 1685.

« Hormis la promptitude de la guérison, ma bonne, vous pouvez compter que vous m'avez guérie. Il est vrai que nous pensions au commencement que ce seroit une affaire de quatre jours : nous nous sommes trompés, voilà tout, et en voilà quinze ; mais enfin la cicatrice fait une fort bonne mine de vouloir s'avancer, et pour la presser encore davantage, nous ôtons l'huile avec votre permission ; car nous avons suivi vos ordres exactement et nous mettons de l'onguent noir que vous nous avez envoyé, et qui ne nuira pas à la poudre de sympathie, pour fermer entièrement la boutique ; ôtez-vous donc de l'esprit tout ce *grimaudage* d'une femme blessée d'une grande plaie : elle est très petite, aussi bien que l'outil dont se sert votre frère ; rectifiez votre imagination sur tout cela ; ma jambe n'est ni enflammée, ni enflée ; j'ai été chez la princesse, je me suis promenée ; je n'ai pas l'air malade ; regardez donc votre *bonne* d'une autre manière que comme une pauvre femme de l'hôpital ; je suis belle, je ne suis point pleureuse comme dans ce griffonnage. »

A 5 heures du soir.

« Mon fils vient de voir ma jambe ; en vérité, ma bonne, je la trouve fort bien ; il vous le va dire, hors la promptitude de quatre jours, on ne peut pas dire que je me suis guérie par la sympathie. Mon fils vient de mettre cet onguent noir pour faire la cicatrice, car il n'y a plus que cela à faire ; et nous gardons précieusement le reste de la poudre pour quelque chose de plus grande importance, et croyez, ma chère bonne, que je ne m'en dédirai point, c'est vous qui m'avez guérie ; l'air du miracle n'y a pas été, voilà tout. Je viens de me promener ; ôtez-vous de l'esprit que je suis malade mi-boiteuse, je suis en parfaite santé. »

De Charles de Sévigné.

A cinq heures du soir, dimanche.

« Le *pieux Énée* vient de panser sa mère ; la poudre de sympathie n'a point fait son miracle mais elle nous a mis en l'état que l'onguent noir que vous nous avez envoyé achèvera bientôt ce qui reste à faire. Ainsi la sympathie et l'onguent noir auront l'honneur conjointement de cette guérison tant souhaitée. »

952. De Mme de Sévigné a Mme de Grignan.

Aux Rochers, mercredi 7e février 1685.

« Vous ne sauriez mieux faire que de promener votre tristesse à Versailles ; ce qui seroit pourtant encore mieux, seroit de n'avoir point de tristesse. Je crois que la poudre de sympathie n'est point faite pour de vieux maux : elle n'a guéri que la moins fâcheuse de mes petites plaies : J'y mets présentement de l'onguent noir, qui est admirable ; et je suis si près d'être guérie, que vous ne devez plus penser à moi que pour m'aimer, et vous intéresser à la solide espérance que j'ai actuellement. Je n'ai pas un moment de fièvre, je suis tout comme une autre : je mange sagement, quand il fait beau je me promène ; on veut que je marche parce que je n'ai point d'inflammation ; j'écris, je lis, je travaille, je reçois vos lettres avec tendresse et empressement : voilà, ma très aimable, comme je suis, sans rien déguiser. Les grisons nous sont inutiles, je vous dirai toujours la vérité : j'aime trop à n'être point trompée sur votre sujet, pour en vouloir user autrement avec vous. Je suis présentement dans ma chambre ; le soleil brille autour de moi, et je ne voudrois pas jurer que je ne fisse un tour de mail. Redressez donc votre imagination, ma chère comtesse, et tirez les rideaux qui vous empêchent d'en user : laissez là cette pauvre femme pleurante, et le *pieux Énée* à ses pieds ; tout cela est faux, je vous assure. Mais conservons nos jambes tant que nous pourrons ; elles sont difficiles à apaiser, quand une fois elles sont fâchées. Je voulus l'autre jour me purger avec ces bouillons du père Ange ; je m'en étais bien trouvée ; cela ne fit que m'émouvoir, je me suis demandé pardon et je me laisse rapaiser, résolue de ne jamais attaquer une parfaite santé ; les légères médecines sont cruelles. »

983. De Mme de Sévigné a Mme de Grignan.

Aux Rochers, mercredi 14e février 1685.

« Je suis donc ici très seule : j'ai pourtant pris, pour voir une créature, cette petite jolie femme dont M. de Grignan fut amoureux tout un soir. Elle lit quand je travaille, elle se promène avec moi ; car vous saurez, ma bonne, et vous devez me croire, que Dieu, qui mêle toujours les maux et les biens, a consolé ma solitude d'une très véritable guérison. Si on pouvoit mettre le mot d'aimable avec celui d'emplâtre, je dirois que celui que vous m'avez envoyé mérite cet assemblage ; il attire ce qui reste et guérit en même temps ; ma plaie disparaît tous les jours : Monpezat, pezat, zat, at, t, voilà ma plaie. Il me semble que ce dernier que vous m'avez envoyé est meilleur. Enfin, cela est fait : si je n'en avois point fait du poison, par l'avis des sottes gens de ce pays, il y a longtemps que celui que j'ai depuis trois mois m'auroit guérie. Dieu ne l'a pas voulu, j'en ressemble mieux à M. de Pomponne, car c'est après trois mois : on veut que je marche, parce que je n'ai nulle sorte de fluxion, et que cela redonne des esprits, et fait agir l'aimable onguent ; remerciez-en Mme de Pomponne. Jusques ici, la foi avait couru au-devant de la vérité, et je prenois pour elle mon espérance ; mais ma bonne, tout finit, et Dieu a voulu que ç'ait été par vous. Mon fils s'en plaignoit l'autre jour ; car ç'a été lui qui au contraire m'a fait tous mes maux, mais Dieu sait avec quelle volonté ! Il partit lundi follement, en disant adieu à cette petite plaie, disant qu'il ne la reverroit plus, et qu'après avoir vécu si longtemps ensemble, cette séparation ne laissoit pas d'être sensible. Je n'oublierai pas aussi à vous remercier mille fois de toute l'émotion, de tout le soin, de tout le chagrin que notre amitié nous a fait sentir dans cette occasion : quand on est accoutumée à votre manière d'aimer, les autres font rire. »

956. De Mme de Sévigné a Mme de Grignan.

Aux Rochers, mercredi des Cendres, 7e mars 1685.

« Mon fils est encore à Rennes, et je suis ravie qu'il y soit, parce qu'il est ravi d'y être. Il ne vous diroit point plus vrai que moi sur ma jambe: je vous ai dit la pure et sincère vérité ; quand ma petite dernière plaie a été fermée, il s'est jeté aux environs un feu léger et des sérosités se sont répandues en six ou sept petites cloches, qui se sont percées et séchées en même temps, à la faveur de votre eau d'arquebusade, dont je me suis souvenue, et qui en deux jours m'a remise en l'état de marcher ; la toile Gauthier n'y étoit pas bonne ; elle avoit fait ce qu'il falloit, et votre eau a fait le reste. On dit que cela est assez ordinaire aux longues plaies : il se jette des sérosités entre cuir et chair, et comme elles ne s'en vont plus par la plaie, elles prennent cette voie, et cela passe comme une flamme, surtout quand on a une eau de sa chère fille qui se trouve à point nommé pour tout guérir :

C'est ainsi qu'en partant je vous fais mes adieux.

« Après quatre mois de liaison et d'habitude, il falloit quelque séparation éclatante, c'est ce qui consomme la guérison : cela est ainsi, ma très chère, et je m'en vais reprendre le train de mes promenades, interrompues seulement pendant quatre jours. Je me suis assurée que vous voyez bien que je ne vous trompe pas, je me suis fort bien portée de ma médecine, elle a bien raccourci mes sérosités. »

957. De Mme de Sévigné a Mme de Grignan.

Aux Rochers, mercredi 11e avril 1685.

« Vous ne devez plus être inquiète de moi ; c'est le temps qui m'empêche présentement d'exercer ma nouvelle jambe : je la traite encore comme une compagnie, je ne la mets pas à tous les jours ; c'est une étrangère que je veux qui se raccoutume insensiblement avec moi ; je ne lui propose rien d'extraordinaire ni d'extravagant ; quand elle a fait un grand tour, je ne lui demande point, comme je ferois à l'autre, si elle veut recommencer : j'ai enfin des égards pour cette nouvelle revenue. »

958. De Mme de Sévigné a Mme de Grignan.

Aux Rochers, dimanche 15e avril 1685.

« Voici la suite de mes sincérités. Vous avez, ma chère enfant, un esprit prophétique qui voit tout, et vous me faites peine quand vous faites des songes affreux de moi. Vous dites que ma guérison n'est pas véritable, malgré cette journée si triomphante de Vitré, et tout le bon état où je vous ai dit que j'étois, car je ne vous ai jamais menti ; tout cela ne nous serviroit point, et je commence en vérité à croire que vous avez raison. Il y a quatre jours qu'il prit une fantaisie à ma jambe de s'enfler et de jeter des feux et des sérosités selon qu'il lui plaisoit ; je fus surprise, et tout ce qui étoit ici de cette trahison ; je me mis en repos, je la laissai faire ; il semble que ce soit une crise que la nature ait souhaitée : la jambe a bien coulé, les feux sont amortis, je trouve qu'elle se désenfle, et je suis persuadée que c'est une guérison ; en effet, rien n'étoit capable de guérir ces duretés et ces roideurs de gras de jambe qu'une telle évacuation. J'en ai donc été fort contente, ainsi que de ma médecine. Cependant nous envoyâmes prier les capucins qui sont à Rennes de nous venir voir ici ; mon fils le souhaite pour sa femme qui va reprendre de leurs remèdes, et moi, pour faire quelques lavages que je sais qu'ils ordonnent, et qui sont admirables pour guérir en un moment. Ils nous ont mandé que dans l'état de leurs affaires, avec des ennemis et des envieux de tous côtés, il leur étoit absolument impossible de quitter leur couvent ; qu'ils me conjuroient instamment d'aller à Rennes ; que dès qu'ils auroient vu ma jambe, ils me guériroient ; qu'ils avoient lieu m'en assurer : mais que pour appliquer les herbes et les cataplasmes à propos, il falloit voir ma jambe. Et enfin, ils m'en pressent de si bon cœur, et Mme de Marbeuf me donne une chambre si commode, que je m'y en vais demain. Il me semble que vous le voulez, que vous me le conseillez, que vous serez bien aise que je vous change d'air, et qu'étant traitée par des mains savantes, je puisse m'assurer d'une véritable guérison. Je m'en vais seule avec Marie et deux laquais, un petit carrosse et six chevaux. Je laisse ici mon pauvre *bien Bon* avec mon fils et sa femme : je reviendrai tout le plus tôt que je pourrai, car ce n'est pas sans beaucoup de regret que je quitte le repos de cette solitude, et le vert naissant qui me rajeunissoit ; mais je songe aussi que d'être toujours trompée sur cette guérison, c'est une trop ridicule chose et qu'enfin il faut suivre vos conseils ; il faut savoir s'il y a encore des loups dans la bergerie, et les en faire sortir. Il y a toute sorte d'apparence qu'il n'y en a plus, et que la nature très sage les a chassés par les dernières irruptions ; mais j'en serai encore plus sûre quand les capucins me l'auront dit. Cette petite plaie est fermée et point fermée, il faut une main maîtresse pour me tirer de cette longue misère, où je n'ai été soutenue que de l'espérance, qui m'a fait croire vingt fois ma guérison : voilà, ma très chère, à quoi je me résous parce que je vois que vous le voulez absolument. Je vous entends d'ici m'approuver et me dire que vous êtes lasse de me voir trompée, et toujours la dupe des apparences d'une guérison qui se moque de moi. »

De Charles de Sévigné a Mme de Grignan.

« En un mot, ma belle petite sœur, nous sommes si fatigués, si importunés de la longueur du mal de ma mère, et de toutes les tristesses que sa jambe nous a faites, que moi-même je l'envoie à Rennes, où les capucins du Louvre ne la perdront pas de vue. La jambe se désenfle et se guérit à vue d'œil, mais nous avons été si souvent attrapés, et cette guérison si souhaitée a si souvent fait comme le papillon de polichinelle, qu'enfin pour terminer nos inquiétudes et les vôtres, et pour éviter tous les scrupules qu'on pourroit avoir, nous l'envoyons à la source de toute habileté. Vous savez que le parfait ménage demeure ici avec le *bien Bon*. »

961. De Mme de Sévigné a Mme de Grignan.

A Rennes, dimanche 29e avril 1685.

« *Nous serons si sots que nous prendrons la Rochelle ;* je serai assez malheureuse, ma chère enfant pour me laisser guérir par les capucins, j'ai aimé, j'ai admiré tous vos sentiments, je dirois tout comme vous : si ma jambe est guérie après tant de maux et de chagrins, Dieu soit loué ; si elle ne l'est pas, et qu'elle me prive d'aller chercher du secours à Paris et d'y voir ma chère et mon aimable fille, Dieu soit béni ! Je regardois ainsi avec tranquillité ce qu'ordonneroit la Providence et mon cœur choisissoit la continuation d'un mal qui me redonnoit à vous trois mois plus tôt ; car vous jugez bien que pour ne pas suivre cette pente, il faut que la raison fasse de grands efforts. Je me fusse servie des généreuses offres de Mme de Marbeuf, qui sont aussi sincères qu'elles sont solides, et je m'en servirois encore sans balancer, si ma jambe, comme par malice, ne se guérissoit à vue d'œil ; vous savez ce que c'est aussi que de se charger de rendre ce qu'on prend si agréablement. Ainsi je vais aux Rochers observer la contenance de cette jambe, qui est présentement sans aucune plaie ni enflure ; elle est toute amollie, et pour la figure elle est entièrement comme sa compagne, qui depuis près de six mois était *sans pareille*. La couleur n'est pas agréable, la lessive ne la blanchit pas, ni l'eau d'arquebusade ; il y a encore quelques marques de *fructus belli*, qui dureront longtemps, mais ce n'est que les places des feux qui sont passés. Je ne sais si c'est la sympathie des petites herbes qui me guérit à mesure qu'elles pourrissent en terre ; j'avais envie d'en rire, mais les capucins en font tous les jours des expériences ; je voudrois bien savoir ce qu'en dit Alliot ; je ne sais donc si c'est la cérémonie de ces petits enterrements deux fois le jour, ou si c'est la lessive ou le baume; mais il est toujours vrai que je n'ai point été comme je suis, et que si cette guérison n'est pas véritable, je n'en irai chercher qu'auprès de vous. »

964. De Mme de Sévigné a Mme de Grignan.

Aux Rochers, mercredi 13e juin 1685.

« Pour des vapeurs, ma très aimable bonne, je voulus, ce me semble, en avoir l'autre jour; je pris huit gouttes d'essence d'urine et contre son ordinaire elle m'empêcha de dormir toute la nuit; mais j'ai été bien aise de reprendre de l'estime pour elle; je n'en ai pas eu besoin depuis. En vérité, je serois ingrate si je me plaignois : elles n'ont pas voulu m'accabler pendant que j'étois occupée de ma jambe; c'eût été un procédé peu généreux. Pour cette jambe, voici le fait : il n'y a plus aucune plaie, il y a longtemps, mais l'endroit étoit demeuré si dur, et tant de sérosités y avoient été recognées par des eaux froides, que nos chers pères l'ont voulu traiter à loisir, sans me contraindre, et en me jouant, avec ces herbes, que l'on retire deux fois le jour toutes mouillées : on les enterre, et à mesure qu'elles pourrissent, riez-en si vous voulez, cet endroit sue et s'amollit; et ainsi par une douce et insensible transpiration, avec des lessives d'herbes fines et de la cendre, je guéris la jambe du monde la plus maltraitée par le passé, et je ne crois pas qu'il n'y ait rien de plus aimable pour moi qu'une sorte de traitement qui est sûr, et qui n'est ni contraignant, ni dégoûtant, et qui me donne tous les jours le plaisir de me voir guérir sans onguents, sans garder un moment la chambre. C'est dommage que vous n'alliez conter cela à des chirurgiens, ils pâmeroient de rire ; mais moi je me moque d'eux. »

965. De Mme de Sévigné a Mme de Grignan.

Aux Rochers, dimanche 17e juin 1685.

« Il faut tout de suite parler de ma jambe, et puis nous reviendrons encore à Livry. Non, ma bonne, il n'y a plus nulle sorte de plaie, il y a longtemps : mais ces pères vouloient faire suer cette jambe pour la désenfler entièrement, et amollir l'endroit où étoient ces plaies, qui étoit dur ; ils ont mieux aimé avec un long temps, insensiblement me faire transpirer, toutes ces sérosités, par ces herbes qui attirent de l'eau, et ces lessives et ces lavages ; et à mesure que je continue ces remèdes, ma jambe redevient entièrement dans son naturel, sans douleur, sans contrainte. On étale l'herbe sur un linge, et on le pose sur ma jambe, et on l'enterre après une demi-heure : je ne crois pas qu'on puisse guérir plus agréablement un mal de sept ou huit mois. »

966. De Mme de Sévigné a Mme de Grignan.

Aux Rochers, mercredi 20e juin 1685.

« Je leur (les pères capucins) écrivis l'autre

jour que ma jambe suoit ; ils me répondirent qu'ils le savoient bien, que c'étoit là le but de leurs remèdes, et que j'étois entièrement guérie ; ils m'ont envoyé d'une essence qu'ils appellent de l'émeraude, qui guérit et console et perfectionne tout, et sent divinement bon. Je me fais violence pour me taire de ces gens-là : ils ont envoyé un dernier remède à ma belle-fille, après lequel ils n'ont plus rien à dire ; mais comme ils ne sont point charlatans et qu'ils ne promettent rien, ils ne sont point embarrassés quand ils n'ont point tout le succès qu'ils désirent : il est vrai que cela n'arrive pas souvent. Pour mes vapeurs, ma chère enfant, je n'en ai pas eu depuis ; elles n'ont rien de commun avec ma jambe, et si elles me revenoient, je ne me tiendrois pas éconduite, de l'esprit d'urine, pour n'avoir pas dormi une nuit ; on a quelquefois des dispositions qui empêchent quelquefois de dormir, sans l'esprit d'urine, et sans qu'on sache pourquoi. »

967. De Mme de Sévigné a Mme de Grignan.

Aux Rochers, dimanche 1er juillet 1685.

« Voilà un morceau de la lettre de la bonne Marbeuf, que je trouve tout à propos, pour vous faire juger, sans que vous en puissiez douter, de l'état de ma jambe. Il est vrai que cette longueur me donnoit du chagrin, et je mandois à mon amie que je croyois qu'on me flattoit : voilà une réponse toute naturelle, qui vous fait voir que nos pères se moquent de moi ; j'en suis ravie ; je suis donc parfaitement guérie ; puisqu'il y a six semaines et au delà que je n'ai plus aucune plaie, ni approchant. Je marche tant que je veux ; je mets d'une eau *d'émeraude* si agréable que si je ne la mettois sur ma jambe, je la mettrois sur mon mouchoir ; si j'en ai besoin, je mettrai du sang de lièvre ; mais je suis si bien aujourd'hui, que je crois que je prendrois le parti qu'ils me conseillent, qui est de mépriser ma jambe, et de ne la point questionner à tout moment : je suis assurée que si j'étois à Paris je n'y penserois pas. »

968. De Mme de Sévigné a Mme de Grignan.

Aux Rochers, dimanche 8e juillet 1685.

« Ne soyez pas en peine de ma jambe ; les capucins l'ont emporté sur moi ; ils ont voulu la faire suer, elle a sué ; j'en ai eu du chagrin, parce que je ne m'y attendois point : cela est passé et nous sommes bons amis. »

970. De Mme de Sévigné a Mme de Grignan.

Aux Rochers, dimanche 22e juillet 1685.

« Il est vrai qu'après avoir dit vingt fois : « Je suis guérie », et m'être servie un peu légèrement de tous les termes les plus forts pour vous persuader ce que je croyois moi-même une vérité, vous êtes en droit de vous moquer de tous mes discours ; je m'en moquerois la première, aussi bien que de mon infidélité, qui me faisoit toujours approuver les derniers remèdes, et maudire ceux que je quittois, sans qu'enfin, enfin, enfin, comme vous dites du mariage de M. de Polignac, il faut que toutes choses prennent fin, et que selon toutes les apparences cet honneur soit réservé aux remèdes doux de la princesse, et de la femme parfaitement habile qui me vient panser tous les jours. Jusqu'à ce petit médecin qui a nommé le mal et commencé les remèdes convenables, je ne faisois rien que pour animer, que pour attirer, que pour mettre ma jambe en furie. Ne raisonnez point sur une érysipèle qui vient d'un cours que la nature veut prendre, et que vous approuvez, parce qu'il ne fait pas mourir : ce n'est pas ici de même, tout a été accident ; tout a été violenté ; ma machine n'est point encore entamée ni dépérie, et jamais elle n'a paru mieux faite qu'en soutenant tous les maux qu'on m'a faits. Vous savez que je ne fais point la jeune, je ne le suis nullement ; mais je vous assure que je pourrois encore dire, comme vous disiez à la Mousse : « La machine se démanchera ; mais elle n'est pas encore démanchée. »

« Je suis donc sous le gouvernement de cette princesse et de sa bonne et capable garde, qui lui fait tous ses remèdes, qui est approuvée des capucins, qui guérit tout le monde à Vitré, et que Dieu n'a pas voulu que je connoisse plus tôt, parce qu'il vouloit que je souffrisse, et que je fusse mortifiée par l'endroit le plus chagrinant pour moi ; et j'y consens, puisqu'il le faut. Je suis persuadée que Dieu veut maintenant finir ces légers chagrins. Il y a huit jours que ma jambe est enveloppée de pains de roses, trempés dans du lait bouilli, et rafraîchis, c'est-à-dire réchauffés trois fois le jour. Ma jambe n'est plus du tout reconnaissable ; elle est menue, molle, plus de sérosités, toutes les élevures séchées et flétries, plus de gras de jambe qui me tire ; enfin, ma fille, tout ce qui étoit dans mon imagination et dans mes espérances est devenu vrai, mais je pense que j'ai profané toutes ces mêmes paroles pour des illusions ; je n'y saurois que faire : voilà ce que je vous doive dire présentement ; il n'y a plus de paroles nouvelles : *à fructibus* (1).

Cette Charlotte me fait marcher, et me dit : « Madame, vous pouvez aller coucher *godinement* (2) à Fougères ; le lendemain à Dol, il n'y a que six lieues ; vous verrez Mme de Chaulnes, cela vous divertira ; vous avez besoin de vous réjouir un peu, et de quitter votre chambre où vous m'avez accordé huit jours de résidence. » Voilà où j'en suis ; elle m'ôte mes roses, qui ont fait tout le bien qu'on leur demandoit ; elle me donne une légère petite espèce de pommade qui dessèche ; elle me prie de bander ma jambe sans contrainte d'ici à quelques jours, et de me

(1) Aux fruits on connaît l'arbre.

(2) Mot du pays qui signifie *gaiement* (Perrin) ; ou, doucement, avec précaution, bien gentiment (Louis Dubois).

ménager un peu ; elle m'assure qu'avec cette conduite je vous reporterai une jambe *à la Sévigné*, que vous aimerez d'autant plus, que l'une et l'autre étant moins grasses, elles visent à la perfection. »

971. De Mme de Sévigné a Mme de Grignan.

Aux Rochers, mercredi 1er août 1685.

« Hélas ! ma bonne, voulez-vous toujours être pénétrée de mon misérable naufrage ? Il faut l'oublier, ma chère bonne, et regarder la suite comme une volonté de Dieu toute marquée ; car de songer que d'une écorchure où il ne falloit que de l'huile et du vin, ou rien, on y mette un emplâtre dont tout le monde se loue et qui devient pour moi du poison, parce qu'on ne veut pas le lever, et que de cette sottise soient venus de fil en aiguille tous mes maux, toujours dans l'espérance d'être guérie, et qu'enfin ce ne soit que présentement que je suis guérie, il y a si peu de vraisemblance à cette conduite, qu'elle ne doit être regardée que comme un aveuglement répandu pour me donner des chagrins trop bien mérités, et soufferts avec trop d'impatience. Je n'ai point eu, ma bonne, les douleurs, la fièvre et les maux que vous imaginez ; vous ne me trouverez point changée, ma chère bonne ; demandez à mon petit Coulanges, il vous dira que je suis comme j'étois ; ma jambe s'est fort bien trouvée du voyage, je n'ai point été fatiguée, ni émue. Je me gouverne comme le veut ma pauvre Charlotte, qui m'est venue voir ce matin : elle est ravie de m'avoir guérie ; n'est-ce pas une chose admirable que je ne l'ai connue que depuis quinze jours ? Tout cela étoit bien réglé. Elle me fait mettre encore des compresses de vin blanc, et bander ma jambe pour ôter toute crainte de retour, et je me promène sans aucune incommodité. Il est vrai que je vous ai mandé toutes ces mêmes choses ; mais il faut bien qu'un jour vienne que je dise vrai ; et vous savez bien, ma bonne, que je n'ai jamais su vous tromper. J'ai la peau d'une délicatesse qui doit me faire craindre les moindres blessures aux jambes. Oh ! parlons d'autre chose, mon enfant. »

973. D'Emmanuel de Coulanges a Mme de Grignan.

Aux Rochers, mercredi 8e août 1685.

« Me voici encore, je ne puis quitter la *mère beauté*. Nous nous promenons sans fin et sans cesse, et sa jambe n'en fait que rire, et augmenter d'embonpoint et de beauté. »

De Mme de Sévigné.

« Il faut que je raccommode ce bel endroit où pour louer la beauté de ma jambe, il vous assure de son embonpoint ; je vous dis moi, qu'elle est de fort belle taille, et qu'elle ressemble en tout à sa compagne. Nous nous promenons le matin, cette heure me plaît, et le soir encore, sans que ma jambe en soit plus émue : si je mentois, Coulanges vous le diroit bientôt ; car nulle vérité ne demeure captive avec lui. »

982. De Mme de Sévigné au président de Moulceau.

A Paris, le 24e novembre 1685.

« Vingt fois nous avons fait dessein de vous écrire des bagatelles ; nous voulions vous assurer que la rareté de la satisfaction n'empêchoit point que vous ne fussiez toujours dans notre souvenir ; et vingt fois ce démon qui détourne des bonnes pensées nous a ôté celle-là. Enfin, monsieur, après avoir versé, avoir été noyée, avoir fait d'une écorchure à la jambe un mal dont je ne suis guérie que depuis six semaines, j'ai quitté mon fils et sa femme, qui est fort jolie. »

988. De Mme de Sévigné au président de Moulceau.

A Paris, le 3e avril 1686.

« Il y a dix jours, monsieur, que ma belle et triomphante santé est attaquée ; un peu de colique composée de bile, de néphrétique, de misères humaines : enfin des attaques, quoique légères, qui font penser que l'on est mortelle : c'est ce qui m'a occupée assez sérieusement pour me faire une violente distraction, et m'empêcher de vous répondre. C'est tout ce que je puis dire pour vous donner une grande opinion de cette incommodité, car la pensée de vous répondre étoit assez forte pour ne pouvoir être surmontée que par quelque chose de considérable. »

989. De Mme de Sévigné au comte de Bussy-Rabutin.

A Paris, ce 6e avril 1686.

« Un peu de rhumatisme, un peu de vapeurs du carême m'ont empêchée de vous dire plus tôt, mon cher cousin, la vraie joie que m'a donnée celle qui m'a paru dans votre esprit, en voyant les jolies bagatelles qui vous ont diverti à Autun. »

991. De Mme de Sévigné au président de Moulceau.

A Paris, lundi 29e avril 1686.

« Vous aimez donc mes lettres ; j'en suis ravie, monsieur, en voici une qui en vaut cent. Il y a un mois que ma triomphante santé est un peu attaquée : un peu de colique, un peu de rhumatisme, un peu de chagrin par conséquent ; tout cela me pourroit dispenser de vous écrire. »

1007. De Mme de Sévigné au président de Moulceau.

A Paris, le jour des Rois 1687.

« Je laisse à part tout ce que je pourrois répondre à vos réflexions morales et chrétiennes, et je crois même que ce ne seroit pas une réponse que j'y ferois, ce ne seroit qu'une répétition. Je vous rendrois vos paroles, et ma lettre ne seroit que l'écho de la vôtre, parce que je suis assez heureuse pour penser comme vous dans cette occasion. J'aime donc bien mieux vous gronder, et vous dire que vous êtes vraiment bien délicat et bien précieux, de vous trouver atteint d'une petite attaque de décrépitude, parce que vous êtes grand-père, et que madame votre fille a pris la liberté de vous en faire une autre : voilà un grand malheur ! Et à qui vous en plaignez-vous, monsieur ? à qui pensez-vous parler ? Et que feriez-vous donc, si vous en aviez une qui eût pris l'habit à la Visitation d'Aix à seize ans ? Vraiment, vous feriez une belle vie : et moi, je soutiens cette affaire et comme si ce n'étoit rien ; je regarde ce mal, qui n'est point encore tombé sur moi, avec un courage héroïque ; je me prépare à toutes les conséquences avec paix et tranquillité ; et voyant qu'il faut se résoudre et que je ne suis pas la plus forte, je m'occupe de l'obligation que j'ai à Dieu de me conduire si doucement à la mort, je le remercie de l'envie qu'il me donne de m'y préparer tous les jours, et même de ne pas souhaiter de tirer jusqu'à la lie. L'excès de la vieillesse est affreux et humiliant, nous en voyons tous les jours un exemple qui nous afflige, le bon Corbinelli et moi : le pauvre abbé de Coulanges, dont la pesanteur et les incommodités nous font souhaiter de n'aller pas jusque-là. Voilà comme nous philosophons chrétiennement, et voilà comme nous vous prions de faire quand votre fille aura seize ans.

« Nous avons un médecin qui me plaît : c'est Amyot, qui connaît et estime Aliot, qui est adorateur de notre bon homme Jacob;..... c'est un homme ennemi, raisonnablement, de la saignée, qui approuve les Capucins, qui m'assure que tous mes petits maux viennent de la rate, et que les eaux de Bourbon y sont spécifiques. Il aime fort Vichy; mais il est persuadé que celles-ci me feront pour les mains autant de bien. Pour la douche, il me la fera donner si délicatement, qu'il ne veut point du tout me la donner. Il dit qu'il feroit convenir M. Aliot que le remède est trop violent, et plutôt capable d'alarmer les nerfs que de les guérir ; qu'en purgeant les humeurs et recevant les sueurs que les eaux et les bains chauds me donneront, il prétend suffire à tout. Il parle de bon sens, et me conduira avec une attention extrême, et vous mandera ses raisons et vous rendra compte de tout..... Nous sommes logés commodément....., mais on peut dire en gros de ce lieu :

Qu'il n'eut jamais du ciel un regard amoureux.

La Providence m'y a conduite par la main, en tournant les volontés et faisant des liaisons comme elle a fait. Je vous conseille toujours intérieurement, et il semble que vous me dites : Oui, ma bonne, c'est ainsi qu'il faut faire, vous ne sauriez vous conduire autrement. »

1010. De Mme de Sévigné au président de Moulceau.

Le 27e janvier 1687.

« Je crois que vous avez reçu une gronderie que je vous fais sur l'horreur que vous me témoignez de cette dignité : Je vous donnois mon exemple et vous disois : « Pétus, *non dolet.* » En effet, ce n'est point ce que l'on pense : la Providence nous conduit avec tant de bonté dans tous ces temps différents de notre vie, que nous ne les sentons quasi pas ; cette pente va doucement, elle est imperceptible : c'est l'aiguille du cadran que nous ne voyons pas aller. Si à vingt ans on nous donnoit le degré de supériorité dans notre famille, et qu'on nous fît voir le visage que nous avons ou que nous aurons à soixante ans, en le comparant à celui de vingt, nous tomberions à la renverse, et nous aurions peur de cette figure, mais c'est jour à jour que nous avançons, nous sommes aujourd'hui comme hier, et demain comme aujourd'hui ; ainsi nous avançons sur le sentier, et c'est un des miracles de la Providence que j'adore. Voilà une tirade où ma plume m'a conduite sans y penser. »

1038. De Mme de Sévigné a Mme de Grignan.

A Bourbon, lundi 22e septembre 1687.

« Nous arrivâmes, hier au soir, ici, ma bonne, de Nevers, d'où je vous avois écrit. Il est vrai que nous vînmes hier en un jour, comme on nous l'avoit promis ; mais quel jour ! quelles dix lieues ! nous marchâmes depuis la pointe du jour jusques à la nuit fermée sans arrêter, que deux heures juste, pour dîner ; une pluie continuelle, des chemins endiablés, toujours à pied, de peur de verser dans des ornières effroyables ; ce sont quatorze lieues toutes des plus longues; et ce jour ensuite de cinq délicieuses éclairées du soleil, et d'un pays, des chemins faits exprès : je crois être dans un autre climat, un pays bas et couvert comme la Bretagne, enfin sombre forêt où le soleil ne luit que rarement... Nous avons bien dormi, nous avons vu les puits bouillants, nous avons été à la messe aux Capucins... »

1039. DE Mme DE SÉVIGNÉ A Mme DE GRIGNAN.

A Bourbon, jeudi 25e septembre 1687.

« Vous voulez avoir de mes nouvelles, elles sont tout à fait bonnes. Il y a deux jours que je prends des eaux ; elles sont douces et gracieuses et fondantes ; elles ne pèsent point : j'en fus étonnée et gonflée le premier jour ; mais aujourd'hui, je suis gaillarde : on les rend de tous les côtés ; point d'assoupissement, point de vapeur. Si je continue à m'en trouver si bien, je ne me servirai point de celles de Vichy que l'on fait venir ici en un jour : jamais union ne fut si parfaite entre deux rivales. On les fait réchauffer dans le puits le plus bouillant de ceux qui sont ici, on les fait boire comme les autres ; celles-ci reçoivent celles-là dans leur sein ; c'est cela qui s'appelle précisément le même degré de chaleur, car les bouteilles y sont comme dans leur propre maison. J'étais dégoûtée du réchauffement de Paris avec de méchants fagots froids ; mais la chaleur d'ici me plaît infiniment ; et l'on y fait la vie des eaux, qui est tout uniforme et tout appliquée à la santé. »

1040. De Mme de Sévigné a Mme de Grignan.

A Bourbon, samedi 27e septembre 1687.

« Il y a ici des gens estropiés et à demi-morts, qui cherchent du secours dans la chaleur bouillante de ces puits ; les uns sont contents, les autres, non ; une infinité de restes ou de menaces d'apoplexie : c'est ce qui tue. J'ai envoyé quérir des eaux à Vichy, comme M. Fagon fit pour sa femme, et bien d'autres tous les jours : elles sont réchauffées d'une manière qui me plaît, et du même goût, et quasi de la même force qu'à Vichy; elles font leur effet, et je l'ai senti ce matin avec plaisir. J'en prendrai huit jours, comme le veut Aliot, et ne serai point douchée, comme le veut Amyot ; le voilà qui vous en dit ses raisons. Quand vous aurez lu tout ce grimoire, vous n'en verrez pas davantage; envoyez-le, si vous voulez, à M. Aliot. Cependant j'irai mon train ; je retomberai dans les eaux de Bourbon samedi, et prendrai des bains délicieux; et un peu avant que l'heure finisse, il prétend me mettre un peu d'eau chaude, qui fera la sueur sans violence que nous voulons. Je crois qu'il est difficile de contester un homme sur son pailler qui a tous les jours des expériences : répondez seulement un mot de confiance et d'honnêteté, et ne vous mettez en peine de rien du tout ; ma très chère bonne, ôtez tout cela de votre esprit, vous me reverrez dans peu de jours en parfaite santé ; je n'ai pas eu la moindre incommodité depuis que je suis partie. »

1042. De Mme de Sévigné a Mme de Grignan.

A Bourbon, mardi 7e octobre 1687.

« Vous vous avisez de me gronder, au lieu d'entrer dans le plaisir de savoir que je me porte mieux que je n'ai jamais fait, et que j'ai été trop heureuse de m'épargner la peine d'aller à Vichy, puisque j'en ai fait venir les eaux, qui m'ont purgée autant que je puis l'être, car il s'en faut bien que je n'aie le même besoin que j'avois il y a dix ans de cette lessive, il y a tout à dire. M. Mausart est ici ; il ne respire que de se restaurer des extrêmes évacuations de Vichy ; tous ceux qui en sont revenus tiennent le même langage. Il est vrai que pendant huit jours que j'ai pris ici les eaux de Vichy, elles m'ont très bien fait, mais j'ai pris ensuite de celles de Bourbon pour m'adoucir et me consoler : c'est une opinion toute commune que celles-ci, quand on n'a point beaucoup d'humeurs, sont douces et fondantes et consolantes, et qu'elles se distribuent dans toutes les parties avec une onction admirable. Quant au pays, je ne comparerai jamais le plus beau et le plus charmant du monde avec le plus vilain, le plus étouffé. J'ai donc pris huit jours de Vichy et huit jours de Bourbon ; j'ai pris dans l'intervalle de la poudre de M. de l'Orme, qui m'a fait des merveilles; je n'ai pas eu la moindre vapeur ; j'ai un très bon visage. J'ai pris en arrivant une médecine ordinaire, j'en prendrai encore une autre en partant ; les eaux me purgent tous les jours sans violence, et les bains que je prends sont doux et tempérés ; si la douche m'étoit nécessaire, Amyot ne me l'épargneroit pas. »

1043. De Mme de Sévigné a Mme de Grignan.

A Bourbon, jeudi 9e octobre.

« Les eaux de Vichy ne sont plus pour moi aussi nécessaires qu'elles m'ont été : j'en ai fait tout l'usage que je pouvois désirer, en les faisant venir et en les tempérant par celles-ci ; elles m'ont purgée autant qu'il le falloit, et celles de Bourbon, douces et fondantes, ont achevé un véritable état de perfection, j'ai pris du *Crocus* (1), parce que je sais que quand il ne trouve guère d'humeurs il ne fait pas de mal à son hôte ; c'est le bon pain, comme diroit de l'Orme ; il n'a point fait vomir et m'a purgée très doucement ; c'est à cause que je ne suis pas accablée d'humeurs, qu'on ne m'a point donné d'émétique. Je suis dans les bains balsamiques et charmants ; je bois le matin, je n'ai aucune sorte d'incommodité ; j'ai fait tous ces remèdes avec une règle et une mesure dont j'eusse été incapable sans Mme de Chaulnes. Elle ne songe point à rien précipiter :

(1) « *Crocus*, en termes de chimie, se dit de plusieurs préparations, à cause de leur couleur rouge. Le *crocus Martis* est une préparation de fer ; il y a le *crocus Martis apéritif* et le *crocus Martis astringent*. Le *crocus* metallorum est une préparation d'antimoine. » Dict. de Trévoux.

nous partons lundi après trois semaines et un jour de séjour, seize jours de boissons, neuf bains, trois médecines, deux jours de repos ; rien ne peut être mieux comparé que tout cela.

« Amyot vous écrit ; outre qu'il est fort bon médecin, il y a ici un petit apothicaire qui est la capacité, la sagesse et l'expérience même. Ils disent tous deux : « Point de douche », ils croiroient faire un attentat d'attaquer et de mettre en alarme une santé comme la mienne ; ils croiroient aviser les nerfs d'un désordre à quoi ils ne pensent pas ; en un mot, ils sont d'une prudence et d'une conduite qui attirent la confiance, par être les premiers à improuver leurs remèdes quand ils ne conviennent pas. »

1047. De Mme de Sévigné au comte de Bussy-Rabutin.

A Paris, ce 13e novembre 1687.

« Ce fut à la fin d'août que je le (1) pleurai amèrement. Je ne l'eusse jamais quitté s'il eût vécu autant que moi. Mais voyant au 15e ou 16e septembre que je n'étois que trop libre, je me résolus d'aller à Vichy pour guérir tout au moins mon imagination sur des manières de convulsions à la main gauche, et des visions de vapeurs qui me faisoient craindre l'apoplexie. Ce voyage proposé donna envie à Mme la duchesse

(1) Son oncle, l'abbé de Coulanges, mort à quatre-vingts ans.

de Chaulnes de le faire aussi. Je me joignis à elle ; et comme j'avois quelque envie de revenir à Bourbon, je ne la quittai point. Elle ne vouloit que Bourbon ; j'y fis venir des eaux de Vichy, qui, réchauffées dans les puits de Bourbon, sont admirables. J'en ai pris, et puis de celles de Bourbon : ce mélange est fort bien. Ces deux rivales se sont raccommodées ensemble, ce n'est plus qu'un cœur et qu'une âme ; Vichy se repose dans le sein de Bourbon, et se chauffe au coin de son feu, c'est-à-dire dans les bouillonnements de ses fontaines. Je m'en suis fort bien trouvée, et quand j'ai proposé la douche ; on m'a trouvé en si bonne santé, qu'on me l'a refusée ; et l'on s'est moquée de mes craintes ; on les a traitées de visions, et l'on m'a renvoyée comme une personne en parfaite santé. On m'en a tellement assuré que je l'ai cru, et je me regarde aujourd'hui sur ce pied-là. Ma fille en est ravie, qui m'aime comme vous savez. »

1073. De Mme de Sévigné a Mme de Grignan.

A Paris, lundi 18e octobre 1688.

« Vous voulez que je vous parle de ma santé et de ma vie : j'ai été un peu échauffée ; de mauvaises nuits, beaucoup de douleurs et de larmes ne sont pas saines, et c'est ce qui m'effraye pour vous : cela s'est passé entièrement avec des bouillons de veau : n'y pensez plus. »

De Mme de Sévigné a Mme de Grignan.

A Paris, le jour de la Toussaint 1688.

« Vous ne me parlez point de votre santé. Ah! que je crains vos nuits, et la surprise de l'air de Grignan! Que cette bise qui nous a tant fait avaler de poudre a été désobligeante et incivile! Ce n'étoit point ainsi qu'il falloit nous recevoir. Je vous avoue que je tremble pour votre santé : la mienne est tout à fait remise, je dors mieux, ma langue n'est plus une méchante langue, elle est toute rendue à son naturel. Il y a des temps, et des jours, et des nuits difficiles à passer; et puis sans pouvoir jamais être consolée ni récompensée de ce qu'on a perdu, on se retrouve enfin dans son premier état, par la bonté du tempérament : c'est ce que je sens présentement, comme si j'étois une jeune personne. »

1083. De Mme de Sévigné a Mme de Grignan.

A Paris, ce vendredi 5e novembre 1688.

« Je pris hier une petite médecine à la mode de mes capucins ; c'étoit pour purger ma santé ; elle ne fit aussi que balayer grossièrement ; c'est leur fantaisie ; je m'en porte en perfection.

« J'ai été un peu fâchée de ne vous point voir prendre possession de cette chambre dès le matin, me questionner, m'épiloguer, m'examiner, me gouverner, et me secourir à la moindre apparence de vapeur. Ah ! ma chère enfant, que tout cela est doux, et aimable ! Que j'ai soupiré tristement de ne plus recevoir ces marques si naturelles de votre amitié ! »

1085. De Mme de Sévigné a Mme de Grignan.

A Paris, ce mercredi 10e novembre 1688.

« C'est en faisant de l'exercice que je reposerai mon corps et mon esprit de tout ce que j'ai souffert, et pour vous, et pour votre enfant. Je me porte parfaitement bien ; je me suis purgée, et le lendemain je donnai encore une dernière façon pour vous plaire. »

1091. De Mme de Sévigné a Mme de Grignan.

A Paris, ce lundi, 22e novembre 1688.

« Je ne vous dis rien de ma santé, elle est parfaite..... Je disois chez les *Divines* que si j'approchois autant de la jeunesse que je m'en éloigne, j'attribuerois à cette agréable route la cessation de mille petites incommodités que j'avois autrefois, et dont je ne me sens plus du tout : tenez-vous-en là, mon enfant ; et puisque vous m'aimez, ne soyez point ingrate envers Dieu, qui vous conserve votre pauvre maman d'une manière qui semble n'être faite que pour moi. Je ne songe plus à cette médecine ; elle m'a fait du bien puisqu'elle ne m'a point fait de mal. »

1099. De Mme de Sévigné a Mme de Grignan.

A Paris, ce lundi 6e décembre 1688.

« Parlons de votre santé, ma très chère, la mienne est parfaite ; point de main extravagante, point de leurre, point de *hi*, point de *ha*, une machine toute réglée. Ménagez votre poitrine, ne vous outrez pas sur l'écriture ; vos bouillons de poulet ont été placés au lieu du café, afin de vous rafraîchir ; conduisez-vous, gouvernez-vous, si vous aimez votre cher fils, votre maison, votre mari, votre maman, vos frères ; enfin vous êtes l'âme et le ressort de tout cela. »

1119. De Mme de Sévigné au comte de Bussy-Rabutin.

A Paris, le jour des Rois (6 janvier) 1689.

« Je commence par vous souhaiter une heureuse année, mon cher cousin : c'est comme si je vous souhaitois la continuation de votre philosophie chrétienne ; car c'est ce qui fait le véritable bonheur. Je ne comprends pas qu'on puisse avoir un moment de repos en ce monde, si l'on ne regarde Dieu et sa volonté, et où par nécessité il faut se soumettre. Avec cet appui, dont on ne sauroit se passer, on trouve de la force et du courage pour soutenir les plus grands malheurs. Je vous souhaite donc, mon cousin, la continuation de cette grâce ; car c'en est une, ne vous y trompez pas ; ce n'est point dans nous que nous trouvons ces ressources. Je ne veux plus repasser sur tout ce que vous devriez être et ce que vous n'êtes pas : mon amitié pour vous et pour moi n'en a que trop souffert, il n'y faut plus penser. Dieu l'a voulu ainsi. Je souris à tout ce que vous me dites à ce sujet. »

1127. De Mme de Sévigné a Mme de Grignan.

A Paris, ce lundi 24e janvier 1689.

« Enfin, ma chère enfant, votre Durance a laissé passer nos lettres ; il faut que la glace soit bien habile pour l'attraper et l'arrêter de la furie dont elle court. Nous avons eu de cruels temps, de cruels froids, et je n'en ai pas seulement été enrhumée. Voilà le dégel ; je me porte si bien, que je n'ose me purger, parce que cette précaution me paraît une ingratitude envers Dieu. »

1179. De Mme de Sévigné a Mme de Grignan.

A Rennes, mercredi 18e mai 1689.

« Nous avons fort ri de ce que vous me priez, à la fin de votre lettre, de me purger : et justement, sans aucun besoin, seulement par les probabilités du carême et du long temps que je n'y avois pensé, je me disposois à prendre ma poudre et ma manne de capucins. Je suis donc purgée, comme vous êtes saignée ; je m'en trouve fort bien. »

1181. DE Mme DE SÉVIGNÉ A Mme DE GRIGNAN.

Aux Rochers, ce mercredi 1er juin 1689.

« Vous me parlez de ma santé, elle est dans la perfection, et vous en faites tout ce qu'on en peut faire, qui est de craindre qu'elle ne puisse devenir mauvaise. J'y pense quelquefois, et ne me trouvant plus aucune des petites incommodités que vous connoissez, je dis avec étonnement, il faut pourtant s'attendre qu'un état si heureux doit changer, et sur cela je comprends qu'il faudra se résoudre comme en toutes choses, à ce que Dieu voudra; qu'en me donnant des maux, il me donnera de la patience, et cependant je jouis de ce qu'il me donne présentement. »

1182. DE Mme DE SÉVIGNÉ A Mme DE GRIGNAN.

Aux Rochers, ce dimanche 5e juin 1689.

« Pour moi, ma chère enfant, je vous ai dit la perfection de l'état où je suis : cette médecine ne me fit ni bien, ni mal ; je n'ai plus de vapeurs, je ne prends point d'essence de Jacob, car il ne faut rien faire quand on est bien ; plus de sursaut la nuit ; rien du tout à mes maux ; enfin il y a de l'ingratitude, vous intéressant à ma santé comme vous faites, de ne pas remercier Dieu et de croire que je vous trompe, quand je dis l'exacte vérité. Je suis étonnée de l'état où je suis ; et à votre exemple, je m'en fais quasi un *dragon :* je songe qu'il n'est pas possible que cet état puisse durer longtemps, et qu'il faut s'attendre aux incommodités ordinaires de l'humanité : Dieu est le maître, je suis soumise à ses volontés. »

De Mme de Sévigné a Mme de Grignan.

Aux Rochers, mercredi 8e juin 1689.

« Je reviens à vous, ma chère bonne, et pour expédier le chapitre de la santé, je vous assure que j'ai pris ces deux médecines, dont vous fûtes si étonnée, sans aucune sorte d'incommodité, et seulement pour les avoir prises et satisfaire aux auteurs qui disent qu'il se faut purger de temps en temps ; je vous dis la pure vérité, et ma santé est si parfaite que j'en suis effrayée : il n'est pas naturel de n'avoir aucune des incommodités que j'avois ; je ne sais ce que la Providence me garde ; en attendant, je ne prodigue point ma santé, je mange sagement, je n'ai plus la fantaisie du serein ni de la lune ; je commence à me corriger de ces folies, et je trouve plaisant qu'à Livry j'en étois encore toute pleine, comme à vingt ans ; cela n'est plus. »

1191. De Mme de Sévigné a Mme de Grignan.

Aux Rochers, mercredi 29e juin 1689.

« Il faut conserver la santé dont la ruine seroit encore encore un plus grand mal ; la mienne est toujours toute parfaite. Cette purgation des capucins, où il n'y a point de séné, me paraît comme un verre de limonade, et c'en est en effet ;

je la pris, pour n'y plus penser, parce qu'il y avoit longtemps que je n'avois été purgée, je ne m'en sentis pas. Vous faites trop d'honneur à ce remède ; mon fils n'en sort pas moins le matin ; c'est un remède pour ôter le superflu bien superflu, qui ne va pas chercher midi à quatorze heures, ni réveiller les chats qui dorment. Nous faisons une vie si réglée, qu'il n'est pas quasi possible de se mal porter. On se lève à huit heures ; très souvent je vais, jusqu'à neuf heures que la messe sonne, prendre la fraîcheur de ces bois ; après la messe on s'habille, on se dit bonjour, on retourne cueillir des fleurs d'orange, on dîne, jusqu'à cinq heures on travaille ou on lit : depuis que nous n'avons plus mon fils, je lis pour épargner la petite poitrine de sa femme. A cinq heures je la quitte, je m'en vais dans ces aimables allées : j'ai un laquais qui me suit, j'ai des livres, je change de place, et je varie les tours de mes promenades ; un livre de dévotion et un autre d'histoire : on change, cela fait du divertissement ; un peu rêver à Dieu, à sa providence, posséder son âme, songer à l'avenir ; enfin, sur les huit heures, j'entends une cloche, c'est le souper ; je suis quelquefois un peu loin ; je retrouve la marquise dans son beau parterre ; nous nous sommes une compagnie ; on soupe pendant le chien et le loup, nos gens soupent... J'aime cette vie mille fois plus que celle de Rennes : cette solitude n'est-elle pas bien convenable à une personne qui doit songer à soi, et qui est ou veut être chrétienne. »

1209. De Mme de Sévigné a Mme de Grignan.

Aux Rochers, ce mercredi 24e août 1689.

« Conservez-vous, ma chère comtesse, pour votre maison, votre fils, pour votre mère. Je ne vous défends point les melons, puisque vous avez de si bon vin pour les cuire. M. de Chaulnes me les défendoit de votre part, et j'y consentois, parce qu'ils n'étoient pas bons ; mais il falloit me permettre de suer ; je revenois le soir à Auray, après une légère promenade, comme si je fusse revenue de jouer une partie de longue paume ; je me faisois essuyer, je me déshabillois, j'arrivois pour souper toute fraîche ; je me moquois de moi la première, afin que les autres ne s'en moquassent pas ; et de tout cela, je m'en porte tout à fait bien. Il faisoit fort chaud ; j'ai toujours été fort sujette à suer ; je pense qu'il vaut mieux ne pas changer de tempérament que d'en changer ; je ne crois pas que cela doive s'appeler *effervescence ;* il me semble que mon pot n'en bouilloit pas plus fort, et qu'il n'étoit pas besoin de l'écumer plus qu'à l'ordinaire. »

1213. De Mme de Sévigné a Mme de Grignan.

Aux Rochers, mercredi 7e septembre 1689.

« J'ai une telle santé et si parfaite, que j'en suis quelquefois étonnée ; nulle sorte de ces petites incommodités ; il semble qu'il y ait de l'excès à ce bonheur ; je le reçois de la main de la Providence, comme j'espère recevoir le contraire quand il lui plaira. Je vous souhaite, ma chère, un pareil état, et à M. de Grignan; mon Dieu que tout cela m'est cher! »

1216. De Mme de Sévigné a Mme de Grignan.

Aux Rochers, 18e septembre 1689.

« Vous voulez savoir notre vie, ma chère enfant? Hélas, la voici : nous nous levons à huit heures, la messe à neuf; le temps fait qu'on se promène ou qu'on se promène pas, souvent chacun de son côté; on dîne fort bien, il vient un voisin, on parle de nouvelles; l'après-dînée nous travaillons, ma belle-fille à cent sortes de choses, moi à deux bandes de tapisserie que Mme de Kermou me donna à Chaulnes; à cinq heures on se sépare, on se promène, ou seule, ou en compagnie; on se rencontre à une place fort belle, on a un livre, on prie Dieu, on rêve à sa chère fille, on fait des châteaux en Espagne, en Provence, tantôt gais, tantôt tristes. Mon fils nous lit des livres très agréables : nous en avons un de dévotion, les autres d'histoires; cela nous amuse et nous occupe, nous raisonnons sur ce que nous avons lu; mon fils est infatigable, il lit cinq heures de suite si on veut. Recevoir des lettres, y faire réponse, tient une grande place dans notre vie, principalement pour moi. Nous avons eu du monde, nous en aurons encore, nous n'en souhaitons pas; quand il y en a, on est bien aise. Mon fils a des ouvriers, il a fait *parer*, comme on dit ici, ses allées ; vraiment elles sont belles ; il fait sabler son parterre. Enfin, ma fille, c'est une chose étrange comme avec cette vie toute insipide et quasi triste, les jours courent et nous échappent ; et Dieu sait ce qui nous échappe en même temps : ah ! *ne parlons point de cela*, j'y pense pourtant, et il le faut. Nous soupons à huit heures ; Sévigné lit après souper, mais des livres gais, de peur de dormir ; ils s'en vont à dix heures ; je ne me couche guère avant minuit ; voilà à peu près la règle de notre couvent ; il y a sur la porte : *Sainte liberté* ou *Fais ce que tu voudras*. J'aime cent fois mieux cette vie que celle de Rennes ; ce sera assez tôt d'y aller passer le carême pour la nourriture de l'âme et du corps. »

1229. De Mme de Sévigné a Mme de Grignan.

Aux Rochers, mercredi 26e octobre 1689.

« Je suis fort aise d'être instruite sur Balaruc ; je l'ai vu sur la carte. C'est une chose bien triste que M. le chevalier ne soit pas soulagé et que sa maladie ait gâté tout le bien que vous pensiez d'abord, que les eaux avoient fait : je suis très sensible à ce malheur. Ces eaux sont d'une grande violence ; je n'y voudrois confier aucun de mes membres, d'autant mieux que je n'ai plus aucun mal à mes mains ; je ne sais plus où se sont cachés tous ces petits maux extravagants : je crois quelquefois qu'il y a de la trahison, tant je suis parfaite sur le sujet de la santé. »

1253. De Mme de Sévigné a Mme de Grignan.

Aux Rochers, dimanche 8e janvier 1690.

« Parlons de ma santé : c'est celle-là qui vous fait trembler ; Dieu me la donne jusqu'à présent d'une perfection qui me surprend moi-même, et qui me feroit peur, si je m'observois autant que vous m'observez ; j'étois avant-hier dans ces belles allées ; il y faisoit beau comme au mois de septembre ; je ne perds pas ces beaux jours. Quand le temps commence à changer, je demeure dans ma chambre : voilà sur quoi je ne suis plus la même ; car autrefois c'étoit un sot vœu de sortir tous les jours. »

1259. De Mme de Sévigné a Mme de Grignan.

Aux Rochers, 29e janvier 1690.

« Je vous souhaite autant de santé qu'à moi : toutes mes petites ridicules incommodités ont disparu ; elles reviendront quand il plaira à Dieu ; mais je vous dis l'état où je suis présentement. Nous avons ici de bon lait et de bonnes vaches ; nous sommes en fantaisie de faire bien écumer ce bon lait, et de le mêler avec du sucre et de bon café ! Ma chère enfant, c'est une très jolie chose, et dont je recevrai ma grande consolation ce carême : Du Bus l'approuve pour la poitrine, pour le rhume, et c'est en un mot, ce lait *cafété* ou ce café *laité* de notre ami Aliot. »

1266. De Mme de Sévigné a Mme de Grignan.

Aux Rochers, dimanche 19e février 1690.

« Si vous me voyiez, ma chère bonne, vous m'ordonneriez de faire le carême ; et ne me voyant plus aucune des petites incommodités qui vous ont servi de raison autrefois pour me le faire rompre, vous seriez persuadée, comme moi, que Dieu ne me donne une si bonne santé, que pour obéir au commandement de l'Église : ainsi ma bonne, que votre tendresse soit en repos. Mon fils est bien (1) ;..... de me gouverner sur cela. Vous avez sur votre conscience plusieurs jours de deux ou trois carêmes qu'il n'a pas. Nous faisons ici une fort bonne chère, nous n'avons pas la rivière de Laigue, mais nous avons la mer ; la poisson ne nous manque pas, et j'aime le beurre charmant de la Prévalaie, dont il nous vient toutes les semaines ; je l'aime et je le mange comme si j'étois bretonne : nous faisons des beurrées infinies, quelquefois sur de la miche ; nous pensons toujours à vous en les mangeant ; mon fils y marque toujours toutes ses dents, et ce qui me fait le plus plaisir, c'est que j'y marque aussi toutes les miennes ; nous y mettrons bientôt de petites herbes fines et des violettes ; le soir un potage avec un peu de beurre à la mode du pays, de bons pruneaux,

(1) Ici le copiste a sauté un mot : « résolu, capable ? »

de bons épinards; enfin ce n'est pas jeuner, et nous disons avec confusion :

Qu'on a de peine à servir Sainte Église.

De charles de Sévigné.

« Ce seroit être ingrat envers Dieu, ma petite sœur, de ne pas profiter de la pleine et parfaite santé de ma mère pour la laisser faire carême, au moins jusqu'à ce qu'elle en ressente la plus légère incommodité. Dans ce temps je ferai mon devoir, et j'userai de tout le pouvoir et de toute l'autorité que je me serai acquise par cette indulgence. En attendant nous imprimons nos dents sur des beurrées ; quelles beurrées, ma petite sœur ! minces, de violettes et d'herbes fines, et nous ferons par là une heureuse alliance entre la Provence et la Bretagne. »

1283. De Mme de Sévigné a Mme de Grignan.

Dimanche 25e juin 1690.

« Martillac a la langue bien longue : que veut-elle dire avec mon mal de bras que je cachois à Livry ? Ce n'étoit rien du tout, et il vous eût inquiétée. Pour le détail de ma santé j'en suis présentement honteuse de vous le dire, il me semble qu'il y a de l'insolence et que je devrois cacher ces bontés de la Providence, n'en étant pas digne. Je ne sais si c'est le bon air, la vie réglée, la désoccupation ; enfin quoique je ne sois pas *insensible* à ce qui me tient au cœur, je jouis d'une santé si parfaite, que je vous ai mandé que j'en suis étonnée. Je me porte très bien de ma purge, et vous remercie d'être contente de la vôtre ; je n'ai ni vapeurs la nuit, ni ce petit mal de la bouche, ni de *grimace* à mes mains ; point de néphrétique ; nous buvons du vin blanc, que je crois très bon et meilleur que la tisane. Enfin, ma chère bonne, soyez contente, et portez-vous aussi bien que moi, si vous voulez que ce bon état continue ; je n'en ai pas moins ces pensées si salutaires que toute personne doit avoir, surtout, ma bonne, quand la vie est avancée, et qu'on commence à ne plus rien voir, à ne plus rien lire qui ne vous parle ou ne vous avertisse. Quand vous en serez là, vous ne m'en direz pas des nouvelles ; mais vous vous souviendrez que j'avois raison, et que ces réflexions sont des grâces de Dieu, tout au moins naturelles, qui vous font sentir que vous êtes sage. Ces pensées, cette pendule (1), n'ont point changé mon humeur ; mais la solitude continue à les entretenir, et nos sortes de promenades ; et tout cela est bon, et si l'on n'avoit point une chère bonne que l'on aime trop, on auroit peine à comprendre pourquoi on quitteroit une vie si convenable, et si propre à faire la chose qui, *en bonne justice*,

(1) Cette pendule où je lis déjà une heure déjà avancée, l'heure du soir de la vie, du déclin ? D'autres ont cru que ce mot pendule signifiait un jubilé, par allusion à une anecdote racontée, t. III, p. 524.

nous devroit occuper. Vous voyez ma bonne› que je vous rends compte de mon intérieur, après vous avoir parlé de mon corps et de ma santé. »

1440. De Mme de Sévigné au président de Moulceaux.

A Grignan, mardi 10e janvier 1696.

« C'est à vous, Monsieur, qu'il faut souhaiter une longue vie, afin que le monde jouisse longtemps de tant de bonnes choses ; pour moi, je ne suis plus bonne à rien ; j'ai fait mon rôle, et par mon goût je ne souhaiterois jamais une si longue vie : il est rare que la fin et la lie n'en soit humiliante ; mais nous sommes heureux que ce soit la volonté de Dieu qui la règle, comme toutes les choses de ce monde ; tout est mieux entre ses mains qu'entre les nôtres. »

1410. De Mme de Sévigné a Coulanges.

A Grignan, le 26e avril 1695.

« Pour moi qui suis avertie encore du nombre des années, je suis quelquefois surprise de ma santé ; non seulement j'avance doucement comme une tortue, mais je me prête à croire que je vais comme une écrevisse : cependant je fais des efforts pour n'être point la dupe de ces trompeuses apparences, et dans quelques années, je vous conseillerai d'en faire autant. »

De Mme de Sévigné a Mme de Lafayette.

A Paris, le mardi 24e (1).

« Je suis toujours couperosée, ma pauvre petite, et je fais toujours des remèdes ; mais comme je suis entre les mains de Bourdelot, qui me purge avec des melons et de la glace, et que tout le monde vient me dire que cela me tuera, cette pensée me met toujours dans une telle incertitude qu'encore que je me trouve bien de ce qu'il m'ordonne, je ne le fais pourtant qu'en tremblant. Adieu, ma très chère, vous savez bien qu'on ne peut vous aimer plus tendrement que je fais. »

De Mme de Sévigné a Mme de Grignan.

A Paris, ce 20e décembre.

« Je fis hier, ma bonne, une des choses que vous voulez que je fasse, je pris médecine. Je vis fort peu de monde ; M. de Coudray en fut, nous causâmes assez bien. J'aime toujours son esprit, et ses manières qui font les grossières et que je trouve très polies. Aujourd'hui j'ai demandé permission au lendemain de ma médecine d'aller voir M. de Pomponne ; elle me l'a permis. »

(1) Lettre de date incertaine ; vraisemblablement d'avant 1658.

1253. De Coulanges a Mme de Simiane.

A Paris, le 25e avril 1696.

« Mon Dieu ! Madame, quel coup, pour tous tant que nous sommes. Quant à moi, je me perds dans la pensée que je ne verrai plus cette pauvre cousine, à qui j'ai été si tendrement attachée depuis que je suis au monde, et qui m'avoit rendu cet attachement par une si tendre et si constante amitié. Si vous voyiez, Madame, tout ce qui se passe ici, vous connoitriez encore plus le mérite de Madame votre grand'mère ; car jamais il n'y en eut de plus reconnu que le sien, et le public lui rend, avec des regrets infinis, tout l'honneur qui lui est dû. »

Du comte de Grignan a M. de Pomponne.

Le 7e mai à Grignan, 1696.

« Vous comprenez si bien, Monsieur, tout ce que l'on peut sentir dans la perte que nous venons de faire, et vous y entrez si sincèrement et pour vous et pour moi, que je me trouve obligé de joindre aux très humbles remerciements que je dois à vos bontés, un compliment particulier sur votre douleur. En outre, Monsieur, toutes les personnes qui étoient attachées à Mme de Sévigné par les liens du sang et de l'amitié sont bien à plaindre et surtout celles qui ont pu connaître dans les dernières journées de sa vie toute l'étendue de son mérite et de sa solide vertu. J'aurai l'honneur quelque jour de vous conter des détails sur cela, qui attireront votre admiration. »

1459. Du comte de Grignan au président de Moulceaux.

A Grignan, le 28e mai 1696.

« Vous comprenez mieux que personne, la grandeur de la perte que nous venons de faire, et ma juste douleur. Le mérite distingué de Mme de Sévigné vous étoit parfaitement connu. Ce n'est pas seulement une belle-mère que je perds, c'est une amie vraie et solide, une société délicieuse; mais ce qui est encore plus digne de notre admiration que de nos regrets, c'est une femme forte. Elle a envisagé dès les premiers jours de sa maladie la mort avec une fermeté et une soumission étonnante.

« Cette femme si tendre et si foible pour tout ce qu'elle aimoit, n'a trouvé que du courage et de la religion quand elle a cru ne devoir que songer à elle. Nous avons pu remarquer par l'usage qu'elle a su faire des bonnes provisions qu'elle avoit amassées, de quelle utilité et de quelle importance il est de remplir l'esprit de bonnes choses, et de ces saintes lectures pour lesquelles Mme de Sévigné avoit une avidité surprenante. »

BIBLIOTHÈQUE NATIONALE R.F. IMPRIMÉS

TABLE ANALYTIQUE

HAVRE. — IMPRIMERIE LEMALE ET Cie, 3, RUE DE LA BOURSE

www.ingramcontent.com/pod-product-compliance
Ingram Content Group UK Ltd.
Pitfield, Milton Keynes, MK11 3LW, UK
UKHW021148260726
13994UKWH00001B/346

9 782329 384511